管理者话术

张笑恒 著

江西人民出版社

图书在版编目（CIP）数据

管理者话术 / 张笑恒著. -- 南昌 ： 江西人民出版社，2024.9（2025.4重印）. -- ISBN 978-7-210-15760-1

Ⅰ. F272.9

中国国家版本馆 CIP 数据核字第 2024GX2591 号

管理者话术
GUANLI ZHE HUA SHU　　张笑恒　著

特约策划：黄海香　张芮宁
责任编辑：王园园
封面设计：楼凤英
版式设计：杨淑琴
制　　作：陈弯弯　周涛

江西人民出版社 出版发行
Jiangxi People's Publishing House
全国百佳出版社

地　　　址：江西省南昌市三经路47号附1号（邮编：330006）
网　　　址：www.jxpph.com
电子信箱：jxpph@tom.com　　web@jxpph.com
编辑部电话：0791-86898612
发行部电话：0791-86898815
承　印　厂：江西千叶彩印有限公司
经　　　销：各地新华书店

开　　本：710毫米×1000毫米　1/16
印　　张：15
字　　数：200千字
版　　次：2024年9月第1版
印　　次：2025年4月第6次印刷
书　　号：ISBN 978-7-210-15760-1
定　　价：58.00元
赣版权登字-01-2024-562

版权所有　侵权必究
赣人版图书凡属印刷、装订错误，请随时与江西人民出版社联系调换。
服务电话：0791-86898820

前言

一个不懂说话的人,经常会在不经意间得罪他人,甚至自己都不知道原因是什么,这是可悲的。在这个社会中,信息是最重要的财富,不能很好与他人沟通就不能取得成功。作为单位和公司的管理者,一定要与下属有良好的沟通,这样才能带领一个团队走向成功。而管理者要与下属有良好的沟通,不懂怎么说话可不行。

俗话说:"良言一句三冬暖,恶语伤人六月寒。"一句伤人的话,会让下属产生很大的挫败感,对于团队建设来说,这是最糟糕的事情。失去了下属支持和拥戴的管理者,虽然看起来风光无限,可自己的指示已经没有人执行,这个团队也终将沦为散兵游勇,毫无战斗力。

在创业之初,马云只能给蔡崇信月薪500元,而蔡崇信却愿意放弃年薪百万的工作和他一起创业,其中最重要的原因就是马云拥有超强的口才。马云懂得如何说话,懂得如何说服蔡崇信放弃工作来跟着他创业。这就是口才的力量,只要能说到他人心里,就能得到他人的信任和帮助。

管理者懂得如何跟下属说话,就会让下属感受到管理者的关怀。这种关怀是从上到下的传递,是非常难能可贵的。下属受到激励,会产生深深的认同感。有了下属的认同,管理者就可以聚拢人心,让下属的心靠近自己,从而团结整个团队,形成超强的战斗力,带领团队发展。

管理者懂得如何和下属沟通,还能避免让下属产生误会。有很多误会是管理者说错话导致的。如果管理者说了一些对下属打击比较大的话,那么下属会因为不满管理者的态度而产生埋怨甚至记恨心理,这就非常不利于团队凝聚力的形成。懂得如何说话的管理者,每次都能考虑到下属的想法和心理,就不容易与下属之间产生分歧,更不会产生误会。

会说话的管理者能够带领团队进步和发展。因此，对于管理者来说，学会说话显得非常重要。管理者想要变得会说话，可以从以下几个方面着手：

第一，管理者要学会讲故事。一个好的故事能够吸引很多人，同时也能解决很多问题。用这种方法，管理者可以省去很多讲大道理的话语，而这些话语其实是很不实用的，起不了多大的作用。管理者跟下属说话的时候，有时也需要摆出管理者的架子，说的时候严厉些，从而让下属信服；还要及时地跟下属进行沟通，因为许多问题管理者是没有办法及时发现的。作为管理者，要经常跟下属进行沟通，在沟通中，才能及时发现并解决问题。在跟下属交谈的过程中，管理者渐渐地提高自己的说话水平，既能解决问题，又能锻炼管理者的应变能力。

第二，管理者要机智、幽默、诙谐。对于下属来说，充满欢声笑语的氛围更利于交流，管理者要学会幽默，时常说一些能够活跃气氛的话，让下属放松，这样就能在一个很好的交流氛围下带领团队工作。

第三，管理者要学会赞美下属。作为管理者，要学会倾听，减少沟通中的信息流失，并且不要说不尊重下属的话。赞美下属能够让下属获得成就感，提升对团队的归属感，下属会更加认真努力地工作。说一些伤人的话，就会造成下属与管理者之间的矛盾，所以管理者说话一定要谨慎。在沟通中，可能会产生误会，甚至说出错误言语，为了避免出现这种情况，管理者要学会倾听下属的意见和建议，并在传递重要的信息时，用笔记录下来，防止出错。

懂得说话，无论是在社会交流中，还是在职场团队中，都是非常重要的。作为管理者，应该学会驾驭语言，这样才能更好地带领团队。说话的技巧和方法非常多，现在就让我们跟随本书，一起去学习吧，探讨如何变成一个懂得说话的人，成为一个懂得说话的好管理者，带领团队走向成功！

目录

话术实践篇　　001

场景案例篇　　027

第一章　选对了故事，就成功了一半！

1. 为什么下属不爱听你讲大道理　　/029
2. 会讲故事是管理者的核心竞争力　　/033
3. 用故事表达的观点更鲜明　　/035
4. 鼓舞士气，喊口号不如讲故事　　/038
5. 用故事化解下属之间的矛盾　　/041
6. 用故事引导下属和你一起解决问题　　/044
7. 讲故事时要与下属积极互动　　/047

第二章　如何增加说服力？用权威腔调讲话！

1. 慈不掌兵，好的管理者不能没脾气　　/051
2. 传达指令，简洁明确才有效　　/054
3. 一言九鼎，诺言必须兑现　　/056

4. 自信有主见，管理者的王者风范　　　　　　　　　　/059

5. 传递正能量，排除一切消极字眼　　　　　　　　　　/062

6. 永远不在下属背后说三道四　　　　　　　　　　　　/065

7. 有时候，沉默也可以震慑群雄　　　　　　　　　　　/068

第三章　带团队就是带人心，教你好好沟通！

1. 偶尔和下属聊聊工作以外的事　　　　　　　　　　　/072

2. 有人情味的管理者必然尊重员工　　　　　　　　　　/075

3. 换位思考，理解下属的难处　　　　　　　　　　　　/078

4. 用商量的方式指挥下属，效果更好　　　　　　　　　/081

5. 真诚地表达对下属的关心　　　　　　　　　　　　　/084

6. 必要时，勇于向下属说"对不起"　　　　　　　　　　/086

7. 向下属虚心讨教，更能获得尊敬　　　　　　　　　　/089

8. 下属失意，这样安慰才有效　　　　　　　　　　　　/092

第四章　会批评的管理者才能办对事！

1. 过度指责，会引发下属的逆反心理　　　　　　　　　/096

2. 批评既要对事，也要对人　　　　　　　　　　　　　/099

3. 会议上，不要轻易否定下属的意见　　　　　　　　　/102

4. 批评并不是简单地说"你错了"　　　　　　　　　　　/104

5. 有效的"三明治"批评法　　　　　　　　　　　　　　/107

6. 在批评员工前，不妨先反省自己　　　　　　　　　　/110

7. 对心怀抵触的下属，先要满足其被认可欲　　　　　　/113

8. 严厉批评下属后,要适当安慰和鼓励 /116

第五章 鼓舞士气,肯定和赞美不能少!

1. 常对下属说"你的工作很重要" /120
2. 当众赞美下属要谨慎 /122
3. 时刻关注员工的成绩,及时给予肯定 /125
4. 对业绩差的下属,先认可再找原因 /128
5. 夸奖年长下属用"怎么才能像您一样" /131
6. 激起员工的优越感,激发工作干劲 /133
7. 激发好胜心,让下属斗志高昂 /135
8. 鼓励受挫的下属,让他重整旗鼓 /138

第六章 诙谐风趣,有气氛才好说话!

1. 开个玩笑,缓解下属的紧张 /142
2. 运用幽默艺术,激发团队活力 /144
3. 来点笑料,活跃会议气氛 /146
4. 以风趣的方式来化解尴尬 /148
5. 玩笑得体才受下属欢迎 /150
6. 你有诙谐应对突发事件的能力吗 /153
7. 以幽默的方式维护下属的尊严 /156

第七章　用机智头脑，破解沟通难题！

1. 用尊重和机智的方式解雇员工　　　　　　　　　　/160
2. 了解员工离职原因，有效应对人才流失　　　　　　/162
3. 引领思想革新，激发团队潜能　　　　　　　　　　/164
4. 下属之间有冲突，管理者如何巧妙化解　　　　　　/167
5. 循序渐进说服顽固下属　　　　　　　　　　　　　/170
6. 言语失误，及时补救　　　　　　　　　　　　　　/173
7. 不跟情绪化的下属讲道理　　　　　　　　　　　　/176

第八章　这7句话，绝对不能对下属说！

1. "听我的还是听你的"　　　　　　　　　　　　　　/179
2. "你的想法很幼稚"　　　　　　　　　　　　　　　/181
3. "我真后悔把事交给你来办"　　　　　　　　　　　/183
4. "你是干什么吃的！"　　　　　　　　　　　　　　/185
5. "还是我来做吧"　　　　　　　　　　　　　　　　/188
6. "干得了干，干不了走人！"　　　　　　　　　　　/190
7. "这件事你做不好"　　　　　　　　　　　　　　　/192

第九章 管理者也要事事有回应！

1. 站在下属的立场上，倾听才有效果　　　　　　　　/195
2. 不要轻易打断，让下属把话说完　　　　　　　　　/197
3. 不急于反驳，听取下属的反对意见　　　　　　　　/199
4. 提高引导下属说出真心话的提问能力　　　　　　　/201
5. 问题越具体，下属回答越省力　　　　　　　　　　/203
6. 下属汇报坏消息，不要急于训斥　　　　　　　　　/205
7. 听的同时主动提问，以掌握更多信息　　　　　　　/208

第十章 沟通中，信息流失是大忌！

1. 为什么任务布置后，总有人执行不到位　　　　　　/212
2. 建立平等的关系是有效沟通的前提　　　　　　　　/215
3. 沟通前的准备——了解沟通对象　　　　　　　　　/218
4. 明确表达自己的意思　　　　　　　　　　　　　　/221
5. 电话、网络、面对面……选择合适的沟通渠道　　　/223
6. 营造友好信任的团队沟通氛围　　　　　　　　　　/226
7. 重要事项不要口头说，而要书面传达　　　　　　　/228

话术实践篇

01 你给下属分配工作时，要避免模糊不清的指令

⊗ 普通话术
小周，今年你来负责华北地区的推广工作吧，一定要加油啊，我看好你。

✓ 高情商话术
小周，公司决定由你负责 A 产品在华北地区的推广，今天就会宣布任命通知。我们希望这款产品在今年能够达到 35% 的市场占有率，过去我们一直在接近这个目标，但是一直没能达到，希望你带领你的团队来攻克这座"堡垒"！【管理者可以遵循"SMART"原则设定目标，即指令必须是：1. 具体的（Specific）；2. 可以衡量的（Measurable）；3. 可以达到的（Attainable）；4. 和其他目标具有相关性（Relevant）；5. 具有明确的截止期限（Time-bound）。这五个原则，缺一不可。】

02 你批评某位员工时，要避免使用侮辱性词汇

⊗ 普通话术
你是来混吃等死的吗？公司不养闲人，干不了就趁早走人！

✓ 高情商话术
你到部门两个多月了，是时候全身心投入工作中了。虽然工作内容简单，但你还是需要用心才能取得好的成绩，以后要多学习，提升自己的工作能力，尽快成为内行！（管理者的责任就是激励下属，而不是让下属难堪。）

03 对待骄傲的员工时，可以利用"鲇鱼效应"进行适当刺激

⊗ 普通话术

你最近有点儿自满了，别忘了这里还有很多优秀的同事，不要让他们超过你。

✓ 高情商话术

我注意到你最近的表现非常出色，你的努力和才华是团队的宝贵财富。同时，我也看到了其他同事的变化，比如小张，他的进步也非常显著。我相信你们之间的良性竞争能够激发出双方更大的潜力。请继续保持你的优秀表现，并时刻准备迎接新的挑战，这样我们整个团队才能不断进步，共同成长。

04 激励团队时，要避免空洞的鼓励

⊗ 普通话术

大家注意，我们这个月的业绩目标是100万元，我相信你们一定能够做到，加油！

✓ 高情商话术

团队成员们，我们这个月设定的业绩目标是100万元，这个目标对于我们来说，既是挑战，也是机遇。我注意到过去几个月我们团队的协作和创新能力都有显著提升，我相信我们完全有能力达成这个目标。为了实现这个目标，我会提供必要的人力、物力和技术支持，让我们一起努力，创造佳绩！

05 | 你提醒员工注意工作态度时，要避免直接指责

❌ **普通话术**

你这工作态度太差了，再这样下去，我看你也不用来了！

✅ **高情商话术**

我注意到最近你的工作状态似乎有些波动，我担心这会影响到你的工作，不过我相信你有能力调整好状态。我们可以找个时间聊聊，看看有什么办法可以帮助你改善当前的状况，让你能以更好的状态投入工作。

06 | 你发现员工不思进取时，可以通过挑战来激励他

❌ **普通话术**

小赵，这项任务我决定交给你。虽然你平时的表现并不是特别突出，但目前公司确实人手紧张，没有其他更合适的人选，希望你能全力以赴……

✅ **高情商话术**

小赵，公司现在有一个关键的项目需要你的参与。这个项目对于公司来说非常重要，我们需要你的创新思维和专业技能。我们一致认为你有能力接受这个挑战。请全力以赴，展现出你的真正实力吧。

07 你发现员工夸夸其谈时，可以表扬他富有创意的一面

❌ **普通话术**

你们这些人，别总是纸上谈兵，光说不做！

✅ **高情商话术**

我们团队会聚了众多才华横溢、富有创意的成员，大家经常能提出很棒的想法和观点。为了更好地将这些理念转化为实际成果，我希望我们能更加注重实践和执行。通过共同努力，我们可以将心中的构想变为现实，共同推动团队的发展和进步。

08 你询问下属的工作进展时，要确保问题具体明确

❌ **普通话术**

小张，那个项目做得怎么样了？

✅ **高情商话术**

小张，关于我们正在推进的 ×× 项目，我注意到截止日期是下个月5日。你能否详细告诉我目前项目的完成情况，特别是市场调研和初步设计阶段的进度，以及接下来一周你的工作计划。

09 你让下属汇报具体信息时，要避免笼统的询问

❌ **普通话术**

小王，客户对我们的产品有什么反馈？

✅ **高情商话术**

小王，针对我们最近推出的Y产品，我需要了解客户的具体反馈。请你整理一下过去一周内客户提出的三个主要问题，以及他们对产品性能的具体建议、价格设定是否合理和售后服务的回访评价。这些信息对我们改进产品至关重要，谢谢你的配合。

10 你希望员工有效推进工作时，一定要提升语言力度

❌ **普通话术**

我觉得我们应该加强团队合作，这样我们的项目才能顺利进行。（发言时，要避免使用不确定的词语，比如"我认为""也许""我们应该"。下属听到这些没有力度的语言，往往难以准确地执行。）

✅ **高情商话术**

良好的团队合作是我们取得项目成功的关键。我要求每位团队成员都必须全力以赴，确保我们的项目按时保质完成。我会定期检查进度，并确保每个人都清楚自己的责任和目标。我们需要的不仅是努力，还需要团队间的紧密协作和相互支持。相信通过共同努力，我们一定能够克服困难，达到预期目标。（管理者的语言必须具备一定的力量，这样下属才会认真执行。）

11 你需要下属改进报告时，要提出具体的建议和期望

❌ **普通话术**

你这个报告写得一塌糊涂，完全不符合要求。

✅ **高情商话术**

你最近提交的报告在某些方面还有提升的空间。为了帮助你改进，我建议你下次写报告时注意以下几点：首先，确保数据的准确性，这是报告质量的基础；其次，使用清晰的图表呈现关键数据和信息；最后，在结论部分给出明确、具体且可操作的建议和行动计划，以指导后续的工作和决策。我相信通过这样的改进，你的报告将更有说服力和实用性。期待你下次的报告更加出色。

12 你要求下属提升效率时，要告诉他从哪里入手

❌ **普通话术**

你做事怎么总是跟不上节奏，能不能加快速度？

✅ **高情商话术**

我从不怀疑你的工作能力，但在工作效率方面，我觉得你还有很大的潜力可以挖掘。想想看，有没有什么新工具或者平台，能让我们事半功倍，或者使我们的团队协作更流畅些。其他部门的小伙伴们也许有不错的点子，你不妨去取取经。我相信，只要我们一起动动脑筋，工作效率肯定能上新台阶。我们一起加油，让工作更高效，也给自己留更多时间享受生活！

13 你向下属提问时，要为下属设置好回答的台阶

❌ **普通话术**

这个月的销售数据怎么这么差？你怎么回事？

✅ **高情商话术**

这个月的销售数据与上个月相比有所下降，你注意到了吗？（先提出一个较直观和容易回答的问题。）

你觉得可能是什么原因导致了销售数据的下降呢？（进一步询问原因，但仍然保持开放性和非指责性。）

针对这些可能的原因，你有什么具体的改进计划或者建议吗？（最后触及实质问题，为下属设置好回答的台阶，使其更容易提出解决方案。）

14 你向员工提出尖锐问题时，不妨绕个圈子

❌ **普通话术**

小张，你这个报告写的是什么？完全没有逻辑，重写！

✅ **高情商话术**

我刚刚仔细阅读了你的报告，感觉有些地方的逻辑似乎需要进一步的梳理。写作是一项需要不断磨炼的技能，我们就是在反复的练习中不断提升的。我想我们可以一起讨论一下，如何使报告的逻辑更加清晰，内容更加完整。这样不仅能够提升报告的质量，也能帮助你在写作上有所进步。我相信你的能力，也愿意提供必要的指导和帮助。

15 你准备调整工作计划时，应该营造紧张氛围

⊗ 普通话术

我们应该重新审视上个月的工作计划，然后调整一下这个月的工作。（调整计划是一个严肃的事情，如果管理者说话语气舒缓，下属就会容易懈怠。）

✓ 高情商话术

上个月，我们遇到了一些挑战，但这些经验教训能帮助我们更好地规划这个月的工作。我要求立即召开一次团队会议，详细分析上个月的工作，并制定出这个月的改进措施。小王，你之前与合作对象的沟通非常有效，我希望你继续负责这一部分，并且确保我们能够达成合作。我会亲自跟进这个项目的进展，确保我们能够实现既定目标。（语言有力量感，并通过会议让下属正视问题，严阵以待。）

16 你调节员工之间的矛盾时，切忌各打五十大板

⊗ 普通话术

小张、小刘，你们俩整天就知道吵来吵去，能不能有点儿团队精神？

✓ 高情商话术

小张、小刘，我知道你们对项目的方向有一些不同的看法，这是好事，不同的观点可以促进我们更全面的思考。我们能不能找个时间，坐下来详细讨论一下各自的见解？相信通过沟通，我们一定能找到一个令双方都满意的解决方案。

17 某个员工背地里说你坏话时，要认真了解原委

⊗ 普通话术

有人告诉我，你在背后说我坏话，你给我注意点儿，我懒得听你解释。

✓ 高情商话术

听说最近你对我有些看法。别紧张，轻松点儿，我不是来算账的。我们找个时间聊聊，看看是不是有什么误会，或者谈谈我哪里做得不够好，有什么需要改进的地方。毕竟，沟通是解决问题的第一步，咱们就当是朋友间的闲聊。我只是希望别让这些小事影响我们的团队氛围，期待你的反馈。

18 某个员工喜欢跟你打小报告时，要合理制止他

⊗ 普通话术

别总是跟我打小报告，做好你自己。

✓ 高情商话术

团队里每个人都很重要，包括你自己。但好的团队是大家相互信任、直接沟通。我知道你观察力很强，这是很宝贵的品质。如果你能把这种观察力用在帮助团队进步上，比如提出建设性的建议，我相信你对团队的贡献会更加显著。下次有什么问题，直接和当事人聊聊怎么样？这样我们都能更专注于工作，而不是在办公室的"小剧场"演戏。

19　你未能按时兑现奖励时，要拿出补偿方案

❌ **普通话术**

奖励发放延迟了，我也没办法，公司流程就这样，你们就再等等吧！

✅ **高情商话术**

我知道大家都在期待奖励的发放，这次我们确实遇到了一些不可控的因素，导致奖励发放延迟。对此，我深表歉意。不过，我正在和公司全力解决，并且为了表示歉意，我会为每位等待的同事准备一份小礼物作为补偿。同时，我会从这次经历中吸取教训，优化流程，确保未来能够更加准时地兑现承诺。

20　你肯定下属的业绩时，要避免空洞无力的生硬夸奖

❌ **普通话术**

最近干得不错，继续努力！

✅ **高情商话术**

小李，你最近在项目 A 上的表现非常出色，特别是在处理复杂问题时的创新方法和解决方案，不仅提高了团队的效率，也为公司带来了显著的经济效益。你的努力和成绩大家有目共睹，我真心为你感到骄傲。请继续保持这种敬业和创新精神，我相信你将来会为团队带来更多的惊喜。为了肯定你的努力，我将向公司申请一笔奖励金，以资鼓励。

21 你想让员工集思广益时，要以引导代替命令

❌ **普通话术**

市场部的同事们，公司需要你们创新，不要总是一成不变。

✅ **高情商话术**

我们都知道创新是推动公司发展的关键。市场部的同事们，你们认为在当前的市场环境下，我们有哪些创新的机会？让我们一起探讨，如何激发团队的创造力，带来新的突破。

22 你想在周末组织培训时，可以重点强调团队意识

❌ **普通话术**

大家都听好了，这个周末我们有个培训，每个人都得来，不来的自己看着办！

✅ **高情商话术**

团队的各位伙伴，我非常理解周末对于大家来说是多么珍贵，每个人周末都有自己的计划和安排。然而，这个周末我们有一个非常宝贵的培训机会，它能够帮助我们提升专业技能，更好地应对未来的挑战。我真诚地希望每位成员都能抽出时间参加，因为这不仅是对个人能力的投资，也将促进团队整体实力的提升。我会确保这次培训内容充实且高效，不占用大家太多时间。感谢你们的理解与支持，让我们一起努力，共同成长。

23 你指导新员工适应工作时，要给对方留下发挥的空间

❌ **普通话术**

你刚来，什么都不懂，就按我说的做！

✅ **高情商话术**

作为新加入团队的一员，我理解你可能需要一些时间来适应我们的工作方式。我想我们可以坐下来，一起讨论一下你对工作的理解，以及你认为自己在哪些方面更擅长。每个新人都需要时间来适应工作，如果你有任何问题或需要帮助，随时可以找我或团队中的其他成员。

24 你准备启动一个新项目时，要鼓励团队成员参与决策

❌ **普通话术**

这是新项目的方向，你们照着做就是了，不需要你们的意见。

✅ **高情商话术**

我们即将启动一个新项目，我认为团队中的每位成员都有宝贵的见解和创意，所以我诚挚地邀请大家积极参与到项目规划的过程中来。请大家思考并分享各自的观点，说说我们应该从哪些方面着手，才能确保项目的圆满完成。我相信通过集思广益和团队的合作努力，我们一定能够制定出一个更加全面和有效的计划。

25 | 你让下属加班完成紧急项目时，要激发对方做事的热情

✗ 普通话术

今天大家都得加班，项目没完成谁也别想走！

✓ 高情商话术

大家已经非常努力了，我都看在眼里。每个人都渴望有自己的生活空间，但目前我们的项目确实到了关键时刻，它对我们团队乃至整个公司都意义重大。我真诚地希望大家能够团结一心，今晚再坚持一下，共同应对这次的挑战。我会和大家一起加班，并确保这次加班不会白费，我们将会得到应有的补偿。让我们携手并肩，发挥我们的团队精神和凝聚力，共同迎接这个项目的成功！

26 | 你发现员工表现欠佳时，可以鼓励他在失败中学习

✗ 普通话术

你这次的表现真差，下次再这样就别来了。

✓ 高情商话术

虽然这次项目的结果不如我们预期的那样，但这并不意味着你的努力没有价值。事实上，我很欣赏你勇于尝试和探索的精神。失败是成功之母，我相信通过这次经历，你能够学到很多宝贵的东西。我们一起总结这次的经验教训，找到可以改进的地方，相信下一次你会做得更好。

27 | 你需要向团队传达公司决策时，要避免单向传达

❌ **普通话术**

公司决定从下个月开始实行新的工作制度，大家要遵守。

✅ **高情商话术**

团队成员们，经过公司内部的深入讨论和全面考量，公司决定从下个月开始实施新的工作制度，目的是提高我们的工作效率和团队协作能力。我已经将新制度的详细内容和预期效果发送到大家的邮箱，请大家务必抽出时间仔细阅读，并提出自己的意见和建议。我们可以在下周的团队会议上共同讨论，确保新制度能够充分满足我们团队的期望和需求。

28 | 需要员工承担更多责任时，要表达信任而不是怀疑

❌ **普通话术**

你真的能行吗？不要到时候又搞砸了！

✅ **高情商话术**

我了解这可能是一个挑战，但我相信你的能力和潜力。我们团队会全力以赴支持你，无论遇到什么困难，我们都会一起面对，一起解决。你不是孤军奋战，我们是一个团队。如果你需要帮助或建议，我随时都在这里。让我们一起努力，我相信我们一定能够取得成功。

29 | 需要员工提供反馈时,要表露出真诚的态度

❌ **普通话术**

你们有什么意见就直说,别藏着掖着。

✅ **高情商话术**

我们非常重视每一位团队成员的声音和见解。我真诚地希望我们能够创造一个开放和透明的沟通环境,让每个人都能够自由地表达自己的想法和意见。无论是对工作流程的优化建议,还是对公司决策的建设性意见,我们都非常欢迎。我们愿意倾听并认真思考每一个声音,因为正是这些宝贵的意见,我们才能不断进步,共同创造更好的未来。

30 | 你体谅下属辛苦工作时,要给出具体的体贴方案

❌ **普通话术**

工作累了就歇歇,不必硬撑。

✅ **高情商话术**

这几天你连续加班太辛苦了,这个方案也马上确定了,公司决定给你放三天假,你好好休息调整一下!

31 你让下属应对难缠的客户时,要亮明支持的态度

❌ **普通话术**

这个客户太难缠了,你随便应付一下就行。

✅ **高情商话术**

小张,这个客户确实有些特别,处理起来可能会有些挑战,但我知道你一定能处理好这种情况。我会为你提供一些背景信息和策略建议,帮助你更好应对。同时,我会密切关注你们之间沟通的进展,做你最坚实的后盾。如果你能妥善处理,这将是你职业成长的重要一步。

32 你看到团队取得巨大业绩时,要给下属吃一颗定心丸

❌ **普通话术**

同事们,虽然我们取得了一些成绩,但大家要不骄不躁,争取再创佳绩!

✅ **高情商话术**

我们这个团队的拼劲和责任心我看到了,取得的成绩大家也有目共睹,这很是让我欣慰和感动。也许你们的付出还没有得到全部的回报,但请各位放心,公司一定不会让大家寒心和失望。

33 | 下属以公司为家无私付出时，要用走心的话进行赞美

❌ **普通话术**

我看你这段时间也挺辛苦的，要多注意身体啊！

✅ **高情商话术**

一直以来，你努力工作、以公司为家的奉献精神，是所有同事的标杆，公司也会号召同事们向你学习。另外，在努力工作的同时，你也要保护好身体，身体才是革命的本钱嘛。后续的工作如果遇到困难，可随时与我沟通，我们一起想办法解决。

34 | 下属的工作出现瑕疵时，要懂得换位思考

❌ **普通话术**

下次要细心点儿，这个方案有明显的错误，你都没看出来吗？

✅ **高情商话术**

方案做得还不错，就是里面有个别细节还要优化一下。我知道这次任务重时间紧，你也是每天加班加点赶方案，辛苦了！这样，我再修改一下，你看看还有哪些需要改进的地方。

35 下属给公司造成经济损失时，要以鼓励和挽救为目的

❌ **普通话术**

你怎么能这么不认真？你知道你给部门造成了多大的损失吗？

✅ **高情商话术**

当前这个局面，确实给公司带来了部分损失，不过还有挽回的余地。另外，你要是能够再把××方面巩固一下就更好了。我给你一些改正的建议和方法，你好好琢磨琢磨，多多领悟学习，我相信以后不会再出现类似的情况，你也可以做得更好。

36 你对员工委以重任时，可以适当恭维

❌ **普通话术**

老张，你带小刘跑一趟，务必完成这个任务。

✅ **高情商话术**

老张啊，你可是咱们这个领域的佼佼者。这个担子，除了你，别人还真挑不起来。这次得辛苦你带小刘跑一趟了。（接着，转向小刘）小刘啊，这次你的任务是担任司机和助理，负责老张的日常起居安排。老张是咱们公司元老，你跟着他准没错。

37 下属家里发生意外时，要真诚地表达关心和慰问

❌ **普通话术**

你家里的事情我听说了，咱们尽快调整好心情。

✅ **高情商话术**

你家里的情况我了解了一些，我也帮不上什么忙。这样，我放你一周假，工资照常发放，你回家看看，也顺便调整调整心情。

38 下属被客户刁难时，你可以设身处地地给予安慰

❌ **普通话术**

内心不必那么脆弱，这些事情我过去遇到太多了。

✅ **高情商话术**

客户有时就是这样，你别太往心里去，他们中有些人就是要求过高。我当初的遭遇不比你好到哪儿去，有时候一天被骂好几次，方案改了又改。别泄气，好好努力，等我们成为大设计师的时候，就是他们求咱们的时候了，加油！

39 你找下属训话时，尽量心平气和地说

❌ **普通话术**

你这个月的业绩怎么这么差，是不是不想干了？这次我就不跟你计较了，要是还有下次，你就给我走人！

✅ **高情商话术**

最近你的业绩不太理想啊，是哪里出现了问题吗？是不是我的指导还不太够？你来公司快半年了，再加油努力一下，我知道你是有能力的，好好干！咱们这里就只能靠业绩来证明自己了，千万不要懈怠！

40 下属工作不认真时，要夸他工作的重要性

❌ **普通话术**

这么简单的工作都做不好，下次再出错就走人，反正这工作不重要，随便找个人都能干。

✅ **高情商话术**

小伙子，你要认真对待你的工作。你的工作关系到一栋大楼的安全，一个小小的失误就可能导致整个工程的失败，甚至引发灾难。

41 | 团队在竞争中失利时，要激起团队的奋斗心

❌ **普通话术**

你们不是经常夸自己是写代码高手吗，怎么现在一个个都蔫了？

✅ **高情商话术**

一次失败不要紧，重要的是我们要从失败中总结经验教训。现在我们一起来看看与竞争对手的差异。我们的研发团队平均 3 小时可以完成 1 万行代码的编写，而我们的竞争对手只能完成 6000 行。此外，我们的代码漏洞率也比他们低 3%。这说明我们比他们优秀很多。请大家重新找回自信，我们是有能力打败他们的。大家加油！

42 | 你让员工参加方案竞选时，要妥当安慰落败者

❌ **普通话术**

你技不如人，有什么不服气的。

✅ **高情商话术**

团队中存在竞争是好事，能促进每个人成长。你们是一个团队，项目要是完成得漂亮，功劳属于每一个人。你的方案同样出色，选择小王的方案是因为它更易于执行，希望你能理解。

43 你不得不解雇员工时，要表达应有的尊重

❌ **普通话术**

经过公司综合考虑，我们决定终止与你签订的劳动合同。

✅ **高情商话术**

你来公司已经半年了，你的努力我都看在眼里。但我们必须面对现实，目前看来，你的业绩并没有达到公司的期望，因此公司决定终止与你签订的劳动合同。同时也希望你能找到一个更适合你发展的平台。公司会按照法律规定，给予你相应的经济补偿。

44 下属在研发中受挫时，要鼓励他重整旗鼓

❌ **普通话术**

公司对你的研发可是充满期待的，你一定要坚持下去，别让大家失望。

✅ **高情商话术**

研发新技术本就充满风险和不确定性，没有承受挫折的勇气，又怎能取得成功？自责和愧疚并不能解决问题，反而会成为阻碍我们前进的绊脚石。我们要做的是摒弃这种消极情绪，积极行动起来，无论结果如何，都是对我信任的最好回应。

45 你激励下属时,要激发他的好胜心

✖ 普通话术

大家的努力还不够啊,我设置的奖金还没有人能够领到呢。

✓ 高情商话术

大家上个月的销售成绩还算可以,但是离我们设定的目标还有些距离。上个月设置的业绩奖励有不少人都达到了,可喜可贺。这个月我特地加大奖励力度,业绩每达到 100 万元奖励 5 万元,目前看来这个奖励恐怕是没人能拿到了,真是可惜啊。

46 下属要求为自己加薪时,应该给出双赢的概念

✖ 普通话术

放心,只要你认真工作,公司一定不会亏待你的。

✓ 高情商话术

你的工作表现确实很出色,公司原本打算在近期为你加薪,但你也清楚,最近公司的业绩不是很稳定,这也是我们暂时未给老员工加薪的原因。不过,你应该也看到了公司近几年的发展势头非常不错。我向你承诺,未来会为你提供更多的发展机会。而且,我建议我们可以将加薪转化为持有公司股份,这样你就能参与公司的分红,共享公司发展的成果,随着公司的发展,你的收益也会相应增加,我们要看得更长远。

47 | 你想表扬下属时，要尽量公开表扬

❌ **普通话术**

私下办公室：小刘，你干得不错，以后你就是我最信赖的人了。

✅ **高情商话术**

公开会议：小刘在处理客户意见和投诉时表现得非常好，堪称我们售后组的模范。他积极沟通，有理有据，既解决了客户的需求，又没影响到公司的信誉。大家会后可以观摩下小刘的处理过程，多向小刘学习。我们一起为小刘鼓掌。

48 | 你提醒经常迟到的下属时，要唤起他的责任心

❌ **普通话术**

迟到不是问题，问题是你经常迟到。你知道该怎么做，不用我再强调了吧？

✅ **高情商话术**

今天又被什么绊脚了啊？我知道生活有时候比电视剧还富有戏剧性，如果你有什么难处，咱们可以一起搞定。但别忘了，时间是公平的，它不会等任何人。我相信你能调整好节奏，让我们一起把团队的节奏带动起来。如果需要帮助，别犹豫，我随时可以搭把手。

49 员工觉得你偏心时，要打消对方的疑虑

❌ **普通话术**

我知道你感觉我有点儿偏心，但真的没有这回事。

✅ **高情商话术**

当然，我理解你的感受，并非常愿意澄清这一点。我始终努力以同等的标准去评估每一位同事的能力和贡献。如果有时候你觉得我的关注点有所偏向，那可能是因为我根据不同的项目和任务来调整我的注意力，我这样做就是为了确保每个人都能得到应有的支持和机会。如果你觉得哪里不对劲，直接告诉我，我们一起找出平衡点，让团队的每个成员都感到被重视。记住，我们是一个团队，每个人都是关键的一环，我的目标是让每个人都发光发热！

50 员工对你产生畏惧心理时，要用亲和力打动他

❌ **普通话术**

别害怕，我只是来检查工作的，不是来找碴儿的。

✅ **高情商话术**

嘿，我知道有时候我看起来可能有点儿严肃，但那只是我对工作热情的表现。其实我也是个很好相处的人。咱们来聊聊，说说你对工作的看法，或者有什么需要我帮忙的，别拘束，咱们是一个团队，一起进步嘛！

场景案例篇

第一章

选对了故事,
就成功了一半!

1

为什么下属不爱听你讲大道理

有的管理者喜欢给下属讲大道理。他和下属发生矛盾时，第一时间想到的是给下属讲大道理；他难以协调部门内的工作时，第一时间想到的也是给下属讲大道理；他发现下属不听从自己的安排时，第一时间想到的还是给下属讲大道理。

殊不知，下属虽然看上去在认真倾听，频频点头，实际上不过是"左耳朵进，右耳朵出"，早已心生厌烦。

对下属来说，管理者讲再多的大道理，都不如讲一个生动有趣的故事或者一段耐人寻味的自身经历有用，因为这些更能打动他。

俞敏洪曾在北京大学2008年开学典礼上的发言中讲道：

我记得自己在北大的时候有很多的苦闷。一是普通话不好，还有就是英语水平一塌糊涂。我经过三次高考的努力终于考进了北大——落榜了两次，最后一次很意外地考进了北大。我从来没有想过北大是我能够上学的地方，她是我心中的一块圣地，觉得永远够不着。但是第三次高考时，我的高考分数超过了北大录取分数线七分，我终于下定决心填了"北京大学"四个字。我知道一定会有很多人比我分数高，我认为自己是不会被录取的。没想到北大的招生老师非常有眼光，料到了三十年后我的今天。但是实际上我的英语水平很差，既不会听也不会说，只会背语法和单词。我们班分班的时候，五十个同学分成三个班，因为我的英语考试分数不错，就被分到了A班，但是一个月以后，我就被调到了C班。C班叫作"语音语调及听力障碍班"。

....

有一个故事说,能够到达金字塔顶端的只有两种动物,一是雄鹰,靠自己的天赋和翅膀飞了上去。我们这儿有很多雄鹰式的人物,很多同学学习不需要太努力就能达到高峰。很多同学可能很轻松地就能在北大毕业以后进入哈佛、耶鲁、牛津、剑桥这样的名牌大学继续深造。有很多同学身上充满了天赋,不需要学习就有这样的才能,比如说我刚才提到的我的班长王强,他的模仿能力就是超群的,到任何一个地方,听任何一句话,听一遍模仿出来的绝对不会两样。所以他在北大广播站当播音员当了整整四年。我每天听着他的声音,心头咬牙切齿充满仇恨。所以,有天赋的人就像雄鹰。但是,大家也都知道,有另外一种动物,也到了金字塔的顶端。那就是蜗牛。蜗牛肯定只能爬上去。从底下爬到上面可能要一个月、两个月,甚至一年、两年。在金字塔顶端,人们确实找到了蜗牛的痕迹。我相信蜗牛绝对不会一帆风顺地爬上去,一定会掉下来、再爬、掉下来、再爬。但是,同学们所要知道的是,蜗牛只要爬到金字塔顶端,它眼中所看到的世界,它收获的成就,跟雄鹰是一模一样的。所以,也许我们在座的同学有的是雄鹰,有的是蜗牛。我在北大的时候,包括到今天为止,我一直认为我是一只蜗牛。但是我一直在爬,也许还没有爬到金字塔的顶端。但是只要你在爬,就足以给自己留下令生命感动的日子。

俞敏洪用自身的经历和富有寓意的故事,阐释坚持不懈的意义,更能引起听众的共鸣。他曾说,他觉得人类最重要的能力,其实就是编一个你认为能够实现的故事,有益于所有人的故事,并且带着大家一起去实现。他觉得这是人类最好的一个结局。由此可见,他身为一名成功的企业家,对讲故事这种能力是极度认可的。

在生活和工作中不难发现:讲大道理不利于解决实际问题,它是一种没有效果的沟通。一个真正聪明、优秀的管理者,从来不会和员工讲大道理。相反,他更擅长和员工讲故事。

全球知名商业思想家丹尼尔·平克说:"让人生存下去的不是食物,而是故事。"一个优秀管理者的必备能力就是会讲故事。很多时候,一个好的故事往往能以小见大,揭示深刻的管理之道。

管理者想要表达某种观点时,与其讲一堆空洞乏味的大道理,不如讲一个诙谐有趣的故事,后者更容易引起员工的共鸣,得到员工的认可。

通过讲故事,管理者既能在轻松愉快的氛围中巧妙传达自己的观点,同时还能激发员工的深层思考。故事结束时,员工不仅获得了愉悦的体验,还清晰地理解了管理者的用意,从而知道如何更好地行动。这种方式提升了团队的凝聚力,对公司和团队的长远发展大有裨益。

一位新入职的管理者,在自我介绍的时候,幽默地说:"我是一头驴。"会议室里的员工一听,哄堂大笑。

这位管理者接着说:"我的家乡有一头驴,有一天,它不小心掉进一口枯井里,主人想了很多办法,都没有把它救上来。无奈之下,驴主人赶紧叫来很多村民,帮他一起用土把驴埋起来。村民们把土扔到驴背上时,驴一边凄声嚎叫,一边迅速地把土抖落下来,然后用蹄子把土踩实。最后,驴终于跳出了井口。"

故事分享完了,在场的员工全都默不作声,陷入了思考。管理者见此情景,振奋地说:"我的存在就是和大家一起抖落身上的土,让我们齐心协力、共同奋斗,为企业的发展贡献自己的力量!"

话音一落,会议室里顿时掌声一片。

一个会讲故事的管理者的话语中,蕴含着无限的力量,他能够通过语言的细腻表达,对下属产生深远的影响。这种影响是潜移默化的,如春雨般"润物细无声"。

想象一下,管理者在会议室内滔滔不绝、满口大道理,却很难引起下属的共鸣时,该是多么尴尬的场景。相反,他讲述一个与团队紧密相关、富有启发性的故事时，每个下属的眼中都闪烁着光芒，被故事深深吸引，从中汲取智慧和力量。这就是故事的魅力，它超越了单纯的说教，让下属在情感上产生共鸣，从而更加深刻地理解和接受管理者的用意。

身为管理者，与其枯燥地讲述大道理，不如学会运用生动的故事来打动下属的心。讲故事不仅能够激发团队成员的积极性和创造力，还能够传递组织的价值观和愿景，让每个人都更加清晰地认识到自己的使命和责任。

因此，身为管理者，千万不要总是对下属讲大道理，而要学会用故事打动下属。

当然，讲故事也要讲究方法和技巧，管理者应注意以下几点。

1. 要注意故事的真实性

不要讲在现实中根本没有或不可能发生的故事，不真实的故事打动不了任何人。要用自己或别人的真实故事告诉下属，事情可以换一种处理方式。

2. 要注意故事的感染性

故事应当包含人物、背景、情节、主题和情感。管理者讲故事时不需要开宗明义，也不需要总结升华，只需要按照故事发展的顺序客观讲述。一个好故事能够让下属身临其境地体会到主人公的心路历程，从中得到启发。

3. 要注意故事的激发性

管理者讲故事，就是为了让下属从中体会到更深层次的含义。聪明的管理者可以在讲故事的过程中激发下属思考，与下属碰撞出更多的思维火花。

如此，管理者可以更有效地利用故事的力量，构建一个更加紧密、有凝聚力的团队，共同迎接未来的挑战。

2

会讲故事是管理者的核心竞争力

美国销售培训师保罗·史密斯在《故事的魅力》一书中说:"经验是最好的老师,有意思的故事是仅次于经验的好老师。"

的确如此,很多时候,故事的力量超乎我们的想象。一个成功的管理者也应该是一个出色的演说家,他可以用一条故事线将员工的诉求与企业的发展串联起来,员工与企业共同成长,实现互利共赢。

2015年,雷军在年度演讲"我所有的向往"中以故事的形式表达了自己的寄望与志向。

"上周四晚上,北京的第一场雪,寒风刺骨。我在匆匆赶往办公室的路上。在我们小米办公室的楼下,我看到了四五个年轻人,我看着他们抢着和小米的logo合影。我想他们应该不是小米的员工,只是为了看小米一眼。……二十四年前,和他们一样年轻的我,经过十三个小时的火车颠簸,只身一人从武汉到北京。我一个人走在北京站的广场上,不由得四顾茫然。……所以,在经过两个月的寻找后,我们终于找到了这句话:我所有的向往。"

这个故事朴实而生动,令听众们感慨万千,并切身体会到了雷军创办小米公司时的雄心壮志和此刻的自豪之情。雷军的"感情牌"赋予了小米品牌更深层的意义,也让小米在竞争日益激烈的互联网市场中闯出了一条新的道路。

通过讲故事,管理者可以更有效地激励、说服与影响员工,让员工回归本心。一个有凝聚力并能够积极解决问题的团队,怎么会不成功呢?

一般来说，管理者要学会讲以下几种故事。

1."我是谁"的故事

开始带领新团队时，讲一个"我是谁"的故事，能够让成员迅速对管理者有深入的了解，从而消除彼此之间的陌生感，让管理者和员工之间迅速建立信任、消除怀疑。比如，管理者可以在故事中透露自己的兴趣爱好或生活习惯。

2."我为什么会在这里"的故事

管理者准备鼓舞士气时，讲一个"我为什么会在这里"的故事，让员工明白管理者的立场和决心：你会和他们一起努力实现共同的目标和愿景。

3."我知道你在想什么"的故事

商业世界经常存在"讨价还价"的合作策略。讲一个"我知道你在想什么"的故事，既是为了表明管理者了解对方的不同意见，也是为了解释对方所持的意见为何不妥。如此一来，对方既能体会到你对他的尊重，也能信服管理者的观点。

4."行动价值观"的故事

管理者需要向团队传递价值观时，讲一个"行动价值观"的故事，能够让团队轻松明白管理者的意图。比如，管理者希望团队展现高水平的客户服务，那么管理者的故事必须让大家明白客户服务意味着什么。

总之，讲故事是一种实用的沟通方式，能够激发情感、传递信息，并提升团队的凝聚力。作为管理者，学会讲故事不仅是一项有用的技能，更是一项核心竞争力。通过讲故事，管理者可以更有效地引导团队，共同迎接挑战，实现企业的长远发展。

3 用故事表达的观点更鲜明

故事的力量是巨大的,它能够超越言语,以一种更加生动、形象的方式传达主题和情感。作为团队的管理者,在表达某个观点时,单纯地阐述理论往往不如讲一个引人入胜的故事来得有效。这是因为故事不仅能够将抽象的观点具象化,还能让信息更加通俗易懂。这无论是对团队内部还是外部,都同样适用。

霍华德·舒尔茨是一个对咖啡充满热情的人。在20世纪80年代初期,他到意大利的米兰参观,被那里的咖啡馆文化深深吸引。他梦想着在美国也能创造出类似的社区氛围,让每个人都能在享受咖啡的同时,感受到家的温暖。

回到美国后,他向星巴克的创始人讲述了自己在意大利的经历,并提出了开设一种新型咖啡馆的想法。然而,创始人并不认同他的理念,于是舒尔茨决定自己创立一家咖啡店。

舒尔茨通过讲述他在意大利的故事和他对咖啡文化的热爱,成功地说服了一群志同道合的人加入他的团队。他们一起创建了"每日咖啡",这是星巴克模式的雏形。

在创业初期,舒尔茨面临资金短缺的问题。这时,他遇到了一位名叫哈维·吉特曼的投资者。舒尔茨用他的故事和对咖啡文化的深刻理解,仅仅用了几分钟就打动了吉特曼,获得了关键的一笔投资。不久后,星巴克的创始人找到了舒尔茨,表达了向其出售星巴克的意愿。这对舒尔茨而言是个绝妙的机会，他可以按照自己的意愿将星巴克转型发展。

舒尔茨坚信，咖啡不仅仅是一种饮品，更是一种连接人与人的纽带。他用亲身经历的故事去生动地传达这一理念，最终成功地将星巴克打造成了一个全球知名的品牌。

实践证明，作为团队的管理者，如果想让员工充分理解自己的意思，单靠讲道理是不够的，还需要故事的帮助。故事不仅更有趣味性，也更有感染力。正如德国哲学家康德在《纯粹理性批判》中所说，客观的事实是不可知的。人们所知的是自己构建的事实，而事实往往是以故事的形式呈现的。

华为公司创始人任正非是一个讲故事的高手。在华为的发展过程中，他给员工们讲了一个"芭蕾女孩的粗腿"的故事。

他说，在多数人的印象中，芭蕾舞女孩的身材都非常好，腿很细很长。但其实不是这样的，大部分跳芭蕾的女孩都有双粗腿，很有力量，脚也很大。这其实体现了建筑学的逻辑：力量才是根本。唯有建立在力学原理基础上的万事万物，才可能有和谐之美、均衡之美。

他用这个故事向员工传达了一个观点：追求完美并不现实，均衡才是关键。

对于一个企业来说，均衡也是组织管理的核心话题。企业的稳定发展，就像"芭蕾女孩的粗腿"一样，坚实的基础和力量才能支撑起弹性与柔性，实现动态的平衡。

古往今来，故事一直是能够迅速传播并给人留下深刻印象的载体。无论是圣人还是成功人士，他们在表达观点时，都会借助"讲故事"这个途径。讲好一个故事，能够使观点表达得更加鲜明。

当然，讲故事并不是为了欺骗或误导他人，而是要基于事实和逻辑，传达有价值的信息。管理者可以分享自己的经历，因为这些经历充满了细节和情感，能够拉近与员工的距离。

在用故事来表达观点时，管理者应该注意以下几点。

1. 事先想好要点，围绕每个要点展开

在表达时，避免提及与观点无关的内容。如果不知道如何表达，可以先总结出几个关键词，然后围绕这些关键词展开。

2. 开场可以先做铺垫

一开始，可以通过一个与主题相关的典故来吸引员工的注意，但要确保这个铺垫与要表达的观点有密切的关联。

3. 始终记住故事与听众的关系

明确故事的目的，了解员工在故事中的角色，以及他们能从故事中获得什么。如此，就能更有效地激发员工的兴趣，并与他们建立情感上的联系。

故事不仅能够拉近管理者与员工的距离，增强团队的凝聚力和向心力，还能够传递有价值的信息。身为管理者，请务必掌握讲故事的能力。

4 鼓舞士气,喊口号不如讲故事

一个好的故事,能够促进讲述者与听众之间的思想交流与情感升温;一个好的故事,能够让听众静下心来仔细聆听,在不被说教的情况下信服于你,振奋精神。

对于管理者来说,鼓舞士气的最佳方式是讲故事,而不是空喊口号。

刚刚毕业的大学生曲怀找工作找了两个月,依然没有找到合适的。眼见身上的钱快要花完了,他决定先干销售试试,他认为这样很快就能赚到钱。说干就干,他马上找到了一份销售医疗保健品的工作。

起初,曲怀对这份工作充满激情。然而,公司的管理者为了鼓舞大家的士气,每天上午10点钟都会号召大家喊口号:"成为第一,成为第一,强者从来不放弃!"大家看似都喊得很起劲,投入工作时却情绪低落。

没过多久,曲怀就坚持不下去,辞职不干了。

喊口号确实能在一定程度上鼓舞士气,通常情况下,喊的声音越大,气势就越足,这样就能促使大家紧紧团结在一起,发挥出更大的力量。

事实上,通过喊口号来鼓舞士气的方式具有较大的局限性,它只在某些特定情况下奏效,在许多其他场合却难有成效。因此,管理者若仅通过喊口号来激励下属,效果往往微乎其微。这种方式只会让大家表面上看起来精神抖擞,实际情况往往截然相反。

与喊口号相比,讲故事是一种更有效的激励下属士气的方式。喊口号往往只能提供表面的激励,容易给下属一种空洞无物的感觉。而讲故事不同，下属通常都爱听故事，也乐于聆听。更重要的是，故事内容可以与激励下属的主题紧密相关，让下属更深刻地感受到来自管理者的鼓励，这远比简单的口号更能深入人心，效果自然更佳。

通过激发下属的自我感受，下属才能感受到鼓励。只有下属真正感受到鼓励时，他们才会付诸实际行动。如果下属无法亲身体会到做某件事的好处，那么再响亮的口号也只是徒劳。比如，如果管理者只是一味地要求下属做到最好，但下属感受不到成为第一带来的实际利益，他们自然就不愿意付诸努力。因此，通过讲故事来启发和激励下属，下属才能真正行动起来。

某公司在一次竞标活动中铩羽而归。在分析此次失利的总结会上，总经理并没有把重点放在批评教育相关负责人上，而是意味深长地讲了一个故事：

很久很久以前，在非洲的大草原上，狮子与羚羊是捕猎者和猎物的关系。每天早上，太阳照亮大地之时，狮子都对自己说："我要一直奔跑，一定要追到羚羊群中落在最后的一只羚羊。"在同一时间，羚羊则告诉自己要一直奔跑，争取跑在最前面，这样就不会被狮子吃掉了。于是，广袤的大草原上时刻上演着这样的场景：狮子在不断地奔跑，羚羊也在不断地奔跑……

会议后，大家都热情高涨地投入工作，为公司的下一次竞标做准备。他们相信，下一次一定会赢。

故事中的狮子和羚羊，分别代表了竞争中的追赶者和被追赶者。狮子为了生存必须不断奔跑，追捕羚羊；而羚羊为了生存也必须不断奔跑，以免成为狮子的猎物。这个故事生动地揭示了商业竞争中的残酷现实：无论是领先者还是追赶者，都必须不断努力，否则就会面临被淘汰的危险。

通过这个故事，总经理成功地引导团队成员从失败中汲取教训，重新振作精神。他没有用严厉的语言去指责任何人,而是通过故事告诉大家竞争就是这样残酷,优胜劣汰,要想不被淘汰就必须拿出100%的斗志。这激发了员工的内在动力,使他们更加积极地投入下一次的竞标准备中。

优秀的管理者应该知道,讲故事的方式远比单纯的说教更能触动人心。一个好的故事能够引发共鸣,激发团队的共同情感,进而形成强大的凝聚力和行动力。管理不仅是一门科学,更是一门艺术,而"讲故事"正是这种艺术的重要体现。在未来的企业管理中,这种以情感为基础、以故事为载体的管理方式,将会越来越受到重视,得到广泛应用。

那么,管理者要如何讲故事,发挥其作用呢?不妨参照以下几点建议。

1. 讲故事要贴合实际

管理者要在故事中多添加生活中的例子或是下属能够接触到的例子,避免讲那些很高深、很难理解的例子。这是因为,每个下属的文化层次和理解能力各不相同,只有贴合实际生活的故事才能让大家听懂。

2. 故事一定要短小精悍

管理者要尽量讲短小精悍的故事,因为下属集中精神的时间是有限的,他们很难认真听完太长的故事。

3. 故事要发人深省

管理者要想通过讲故事来鼓舞下属,所讲故事的内容一定要发人深省,否则就没有作用。

如此,管理者才可以有效地利用故事来鼓舞团队、激发士气,推动团队向着共同的目标前进。

5 用故事化解下属之间的矛盾

在职场中，下属之间因为性格、感情、利益、竞争等产生矛盾，可谓司空见惯。这些矛盾不仅会给双方带来麻烦和损失，还可能破坏整个团队的和谐氛围。一个内部环境不稳定的团队很难发挥出应有的作用。作为管理者，应及时发现并化解下属之间的矛盾。而讲故事就是一种简单、有效的方法。

李全仲和申达是同一家公司的员工，且工作岗位相同。两人都非常优秀，但是他们之间逐渐产生了矛盾。主要原因在于，他们都认为对方不如自己，争论从未休止。

某天，他们因为互不相让而争吵起来。经理很快就把他们叫到了办公室。经理并没有直接严厉地批评他们，而是温和地讲了一个故事：一位长者在行走途中遇到了两个快要饿昏的年轻人。长者分别给了他们一筐鱼和一根钓竿，然后他们各自离开了。结果，吃完鱼的那个人在离海边不远处饿死了，而拿着钓竿的那个人不久后也饿死了。长者轻叹道："如果他们当初选择一起走，结果就会不一样了。"

听完这个故事，李全仲和申达都陷入了沉思。很快，申达向李全仲提出了互相帮助、共同进步的想法，李全仲也欣然接受了。

作为管理者，必须善于化解下属之间的矛盾，鼓励他们积极沟通，促使他们互相关爱。

许多人都有这样的体会，处于愤怒状态或对他人存有偏见时，往往听不进去大道理。相较于空洞的大道理，讲故事的方式则卓有成效。故事本身具有强大的吸引力，管理者给下属讲故事时，下属往往会聚精会神地聆听。

此外，讲故事能够在不直接批评下属的前提下，让他们意识到自己的错误并明白正确的做法。有矛盾的双方被管理者的故事所启发，不但彼此间的矛盾得以化解，他们还能感受到管理者的良苦用心和处世智慧。管理者在他们心目中的地位得到了提升，他们也更心甘情愿地接受管理。如此一来，管理者便能轻松地带领团队发展，为公司创造更多的效益。

此外，讲故事还能为管理者节省大量时间。解决下属之间的矛盾时，讲一个小故事远比长篇大论更为高效。因此，管理者在调解下属纠纷时，讲故事无疑是首选方法。

当然，方法有了，管理者还应在使用过程中遵循以下几点。

1. 态度应温和

管理者在给下属讲故事时态度应温和，以缓解处于矛盾中的下属的紧张情绪。这有助于引导他们跟随你的思路进行思考。如果管理者的态度过于严厉，下属可能会心生抵触，甚至导致矛盾激化，以致无法达到通过故事说服下属的目的。

2. 语速应适中

过快的语速不利于下属思考，也无法让他们领悟到故事中的深意和管理者的良苦用心。管理者应以适中的语速讲述，并在适当的时候停顿，以便下属能够逐步深入理解，并最终化解矛盾。

3. 故事应恰当

不是所有的故事都适合用来解决矛盾。管理者应选择那些与当前矛盾相关、具有启发性的故事。这样，下属才能更容易从中汲取教训并找到解决问题的方法。

管理者若能利用故事来化解职场矛盾，能促进团队和谐，提升团队效能，稳定公司的发展。

6 用故事引导下属和你一起解决问题

在团队管理中，管理者的角色至关重要。团队面临挑战时，优秀的管理者不仅会承担责任，还会巧妙地引导下属共同解决问题，充分释放团队的潜力和智慧。

那么，管理者应该如何引导下属呢？讲故事不失为一种简单有效的方法。

一家初创科技公司在产品开发过程中遇到了重大的技术难题，以致团队士气低落，项目进展缓慢。

公司的技术总监决定通过分享一个真实的故事来鼓舞团队，增强他们克服困难的信心。在一次全员会议上，这位技术总监讲述了一个关于苹果公司创始人史蒂夫·乔布斯的真实故事。

在 1985 年，由于与其他管理人员的经营理念不合，史蒂夫·乔布斯被迫离开了自己创立的苹果公司。这对他来说无疑是一个巨大的打击。但他并没有因此放弃，而是选择了继续前进。他创立了 NeXT 公司，后来又成立了皮克斯动画工作室。他不断创新努力的经历为他之后的工作积累了宝贵的经验和资源。

1997 年，苹果公司陷入困境，乔布斯重返苹果，带领公司进行了一系列的创新改革。他推出了 iMac、iPod、iPhone 和 iPad 等一系列革命性的产品，彻底改变了科技行业。

即使在最黑暗的时刻，乔布斯依然保持创新精神并坚持不懈，最终找到了克服困难的方法。

这个故事极大地激发了团队的士气和创新意识。员工们开始积极地面对技术难题，团队协作更加紧密，每个人都在寻求创新的解决方案。最后，他们不仅解决了技术难题，还开发出了一款创新产品，并在市场上取得了巨大成功。

一个好的故事，能够启迪下属的思维，使其明白管理者对他们的期望。面对问题，下属会自发地思考和创新，寻找解决问题的最佳方法。同时，他们也会及时将想法和进展反馈给管理者，以便管理者根据实际情况调整策略。

很多故事作为已经发生过的事实，具有很强的说服力，这种信任感会促使下属更加积极地执行管理者的决策和指示。

想用故事有效地引导下属共同解决问题，管理者需要明确当前所面临的问题及其产生原因。然后，针对这些问题，选择合适的故事来启发团队成员。这样，团队成员就能跟随故事的思路，逐步找到解决问题的途径。

虽然讲故事有如此妙用，但管理者在讲故事时还必须注意以下几点。

1. 选择故事时要注意其贴合度和易懂性

如果下属无法理解管理者通过故事想传达的信息，那么无论故事多么引人入胜，都无法产生应有的启发作用。而一个与实际情况紧密相连、语言通俗易懂的故事，更容易让团队成员产生共鸣并理解管理者的意图。在讲述故事的过程中，管理者还可以适当增加互动环节，如让下属扮演故事中的角色，进行对话。这种身临其境的体验，能够促使下属更深刻地理解管理者的意图，并引发他们的深入思考。

2. 在故事中进一步强调问题的严重性和紧迫性

即使下属理解了管理者通过故事传达的意图,他们也不一定会立即付诸行动。因此,管理者还需要进一步阐明问题的严重性和紧迫性,给下属施加适当的压力,以促使他们迅速采取行动。同时,管理者还可以制定合理的奖励制度,激发下属的积极性,让他们更加努力。

3. 在故事之外对下属表示认可,并多加鼓励

管理者的认可和鼓励对团队成员来说至关重要。管理者要相信团队成员有能力克服困难,并鼓励他们勇往直前、不断创新,这样才更容易实现共同目标。

通过这些方法,管理者可以激发团队的创新精神和解决问题的能力,推动团队向着共同的目标前进。

7

讲故事时要与下属积极互动

管理者讲话，无论是鼓舞士气，还是进行业务知识培训，抑或是提出批评，其根本目的都是要让下属真正听进去，这样才会产生实效。如果管理者只是自顾自地讲述，忽略下属的感受，使下属缺乏参与感，那么这样的讲话就如同独角戏一般，难以达到预期的效果。特别是在进行专业性强的业务讲座时，由于内容较为深奥，很容易让人昏昏欲睡。因此，管理者在讲故事时加强与下属之间的互动显得尤为重要。

有一次，总监唐尼到一个门店给员工做培训。整个培训进行了两个小时，一直是唐尼一个人在说话。刚开始的时候，大家还像模像样地在笔记本上记录两笔，可到最后，甚至连一些经理都神游天外了，一些员工更是公然打瞌睡。可以说，这次培训毫无效果。

从本质上讲，管理者讲话其实就是一种演讲。对于任何形式的演讲，如果内容枯燥乏味，缺乏吸引听众的亮点，那么听众分心、打瞌睡或做自己的事情等现象就几乎无法避免。要想避免出现这种尴尬局面，演讲者必须与听众进行互动。其实听众往往更愿意参与到这种互动中。

阿波罗·罗宾斯，以表演扒窃为职业，并与神经学家合作研究人类注意力的本质。

有一次，他在TED（指Technology, Entertainment, Design的英语缩写，即技术、娱乐、设计，是一家以"传播一切值得传播的创意"为宗旨的非营利会议机构）演讲关于"如何盗窃"的话题时，就与观众展开了趣味互动。他先是通过诙谐风趣的语言使观众频频鼓掌，随即一步步走到观众席，邀请了一位观众上台，宣布要当众展示一番"盗窃艺术"。

顿时，现场沸腾了。阿波罗·罗宾斯一边对那位观众说："来看看我能不能控制你支配自己的注意力，能不能通过干扰来窃取你的注意力。"一边让他转过身去，进行示范。

最后，两人完美地演示了阿波罗理论的正确性。

通常来讲，管理者在讲话的时候，下属是处于"听"的一方，是信息的接收者。在这种情况下，管理者如果不与下属互动，只顾着自己说，就很容易出现这样的局面：管理者说得唾沫横飞，但下属们似乎并未完全领会他的意图。

互动的作用是将说话的人与听话的人联系起来，比如通过"你问我答"的形式让大家都有一种参与感，这样说话的人才能及时了解听话者的心理反应，从而迅速调整自己的讲话策略。

通过与听众进行互动，讲话者可以牢牢抓住听众的注意力，从而让讲话具有出奇制胜的效果。这是吸引听众注意力、赢得他们认可的有效方式。那么，如何打造一场充满惊喜互动的精彩讲话呢？建议从以下几点入手。

1. 做好充分的互动准备，确保对场面的完全掌控

在利用互动激发听众情绪的过程中，也要意识到其中潜在的风险。如果互动缺乏秩序，很容易引发混乱。比如听众在情绪激动时可能会做出失礼的举动，甚至伤害他人。因此，讲话者需要

对此保持高度警惕。在互动环节开始之前，讲话者应向听众明确互动的具体要求和需要注意的事项。在互动的过程中，讲话者要引导听众跟随自己的思路，确保活动的有序进行。互动结束后，讲话者应与听众一起回顾和总结演讲内容，从而加深听众对演讲的理解和记忆。从细节上来说，讲话者可以通过眼神交流、声音变化、肢体语言以及与听众的对话来实现对场面的有效控制。

2. 在互动中循循善诱，将赞扬和提问巧妙地结合起来

心理学研究表明，认可和赞扬是人类精神需求的重要组成部分。无论是性格外向还是内向的人，在听到赞美的话语后，内心都会感到愉悦，并产生交流的冲动。因此，讲话者在提问时，可以采用"小问题＋大问题"的串联方式，先引导听众回答简单的问题，然后给予鼓励，再逐渐引导他们回答更深层次、更具挑战性的问题。这样可以有效激发听众的积极性，吸引他们的注意力，从而提升讲话的质量。

3. 在互动中尊重每一位听众的发言权

那些平时沉默寡言的听众鼓起勇气发言时，请不要轻易打断他们。讲话者可以通过肢体语言来给予鼓励和认可，如赞许的点头、微笑以及注视对方的眼睛等。听众表达结束后，讲话者要给予正面的反馈，以此来激励其他听众积极参与。

在实际工作中，管理者经常需要扮演讲话者的角色。因此，学会利用互动来提高自己的讲话质量，激发下属的积极性，对管理者来说至关重要。

第二章

如何增加说服力?
用权威腔调讲话!

慈不掌兵，
好的管理者不能没脾气

在企业管理中，存在这样一种普遍现象：一些管理者为了避免与下属产生冲突，通常会扮演"好好先生"的角色，对下属采取温和甚至纵容的态度，即使下属犯错了，也不予追究和处罚。他们误以为这样的做法能得到下属的喜爱，然而实际情况往往并非如此。下属可能会因为缺乏必要的约束而变得不在乎、不敬畏，甚至肆意推诿责任，公然违抗管理者的指令。

日本企业家稻盛和夫曾指出，虽然在他的哲学字典中存在着"关爱之心"的说法，但是显然经营者仅仅依靠一颗温柔的关爱之心是不足以开展企业的经营活动的。所谓的"关爱之心"，并非指经营者为了讨好员工而肆意娇惯纵容属下。经营者对手下的纵容娇惯只不过是"小善"。常言道，"小善如大恶"，如果经营者只会一味娇惯纵容，那么手下的员工必然会庸碌无能，这和教育小孩子是一个道理。如果企业的经营者想要培养优秀的员工，就必须严格要求他们，这才是真正的"大善"。

在展现领导力时，管理者适当的严厉也是一种魅力，能够赢得下属的尊敬和追随。

亚马逊的创始人贝佐斯以其严厉的管理风格而闻名，他在愤怒时的激烈反应让员工感到害怕，员工私下里称他为"疯子"。曾经有一位亚马逊的高管直言："可以毫不夸张地说，每次开会后我都害怕自己会被解雇。"然而，尽管贝佐斯以严厉著称，但员工们普遍认为他是一位非常受欢迎的管理者。

已故的苹果公司创始人乔布斯是一位行为极端的管理者，他在会议中可能会大发雷霆，甚至有过激的行为。尽管如此，他依然能够团结一群优秀的人才，共同推动公司的发展。

通用电气公司前首席执行官杰克·韦尔奇，被《财富》杂志评为"美国十大最强硬的老板"之首。他擅长以提问的方式批评下属，尽管这种方式可能会让人不知所措，但通用电气公司因此成为一个培养人才的摇篮，众多世界500强企业的高管都出自这里，这与韦尔奇的管理风格是分不开的。

华为的创始人任正非也是一个以严厉著称的管理者。他对待公司高管的态度非常严厉，经常不留情面地指出他们的错误。这种管理风格虽然有时会让人感到不适，但也体现了他对工作的高标准和严格要求。

一个有脾气的管理者往往能够展现出威严，令人敬畏。严厉的管理者往往能够带领团队遵守严明的纪律，保持高效的执行力。相反，过于温和的管理者可能会使团队缺乏凝聚力，在关键时刻缺乏担当。

研究表明，那些爱发脾气的管理者在取得良好的组织绩效的同时，还能够培养出忠诚且杰出的管理人才。这种管理风格被称为"事业导向型的苛责式管理"。因此，管理者需要展现出一定的脾气和强势，这样才能让下属听从安排。

当然，管理者"发脾气"并不是为了宣泄个人情绪，而是一种有策略的管理方式，用以激励和规范团队成员。在"发脾气"时，管理者需要注意以下几点。

1. 有理有据

管理者在表达不满时，必须有充分的理由，这样才能增强语言的说服力，让下属信服。

2. 恩威并施

一个优秀的管理者不仅要指正下属，还要懂得适时给予抚慰。下属在工作中出现失误时，管理者应及时指出并采取必要的纠正措施，但在严厉批评之后，也应采用适当的方式进行安抚。如表扬其努力或成就，以此实现恩威并施。通过恩威并施，管理者可以在坚持原则的同时，展现出关怀和理解，从而增强团队的凝聚力。

3. 适度指责

适度指责可以激发下属的创造力和自我提升的动力。然而，如果指责过度，不仅会令下属感到压力巨大，失去工作的动力和热情，长期下去还可能损害管理者在下属心中的形象和权威。

因此，管理者应当合理运用自己的权威，既要坚持原则，也要有教育的热情和引导的柔情。批评应当具体、及时，具有建设性，避免笼统和翻旧账，这样才有助于团队的成长和发展。

2

传达指令，简洁明确才有效

管理者在下达指令后，常常会发现下属的工作成果与预期相去甚远。这时，有的管理者往往会抱怨下属理解指令不准确或不到位，却忽视了可能是自己给出的指令不够清晰明确。

如果管理者的指令含糊不清，下属自然难以把握其真正意图，执行时便可能出现偏差，导致任务无法顺利完成。

一位科长因为得不到下属的有效协助而感到困扰，他向一位经验丰富的前辈寻求帮助。前辈提醒他："你在下达指令时，是否明确指出了内容和目的？"

经前辈指点，这位科长突然醒悟，原来在这之前，他从未给下属明确的指令。于是他改正了这个缺点，之后提出指令时会告诉下属内容和目的。

有的管理者习惯这样对下属下达指令："小李，去帮我做一份PPT。风格要独特，内容要丰富，布局要新颖，让客户有眼前一亮的感觉，还有……"如此模糊的用词，下属怎么能明白？

管理者在向下属提出工作要求时，应确保自己清楚传达需要什么以及何时需要，同时也要让下属明白各自的任务和完成标准。为了提高沟通的效率和准确性，管理者可以遵循"SMART"原则来设定目标，即指令必须是具体的（Specific）、可衡量的（Measurable）、可达成的（Attainable）、与其他目标相关的（Relevant），以及有明确截止期限的（Time-bound）。遵循这五个原则是确保指令清晰的关键。

例如,一位主管对下属说:"小周,今年你来负责华北地区的推广工作吧,一定要加油啊,我看好你。"这个指令就过于模糊,没有明确的目标和期限。如果改为:"小周,公司决定由你负责 A 产品在华北地区的推广,今天就会宣布任命通知。我们希望这款产品在今年能够达到 35% 的市场占有率,过去我们一直在接近这个目标,但是一直没能达到,希望你带领你的团队去攻克这座"堡垒"!"这样传达,目标就变得具体、可衡量,且有时间限制,完全符合"SMART"原则。

管理者在传达指令时,应根据指令的复杂性和下属的个性,采用不同的沟通方式。对于简单指令,只需遵循"SMART"原则,清晰、简洁地传达;对于复杂指令,除了要遵循"SMART"原则外,还可以与下属讨论,听取他们的意见,共同找到最有效的解决方案。

此外,为了使指令更有效,管理者还应注意以下几点。

1. 抓住要点

在下达指令前,管理者需要深思熟虑,确保自己对工作的要点有清晰的认识。在下达指令时,管理者应明确指出下属需要做什么,以及要达到什么目的。

2. 确认指令

对于不同类型的指令,管理者应尽快确认,以减少执行过程中的误解和偏差。

3. 公平公正与情绪引导

管理者在下达指令前要做到公平公正,避免偏袒或歧视。同时,在指令执行过程中,要做好情绪引导,帮助下属解决可能出现的负面情绪。

3

一言九鼎，诺言必须兑现

在职场中，管理者的言行对员工的士气和忠诚度有着深远的影响。一些企业的管理者为了吸引人才和激励员工，常常会轻易地做出承诺，如"努力工作，项目结束后就加薪""这个月超额完成任务，月底就有奖金""大家努力工作，公司的管理职位都为你们留着"。然而，当项目完成，业绩提升或企业步入正轨后，一些管理者却忽视了员工的努力，忘记了之前的承诺。

这种行为会在员工心中留下"不守信用"的不良印象，长此以往，员工可能会对企业失去信心，不再愿意为这样的管理者尽心尽力工作。相反，管理者若能信守承诺，不仅能增强员工的信任感，还能激发他们的工作热情，从而推动企业的发展。

孙磊是一家公司的老板，去年由于市场不景气，公司资金周转困难，所以无法按时支付员工工资。面对这种情况，孙磊选择了坦诚相告，并表示如果员工选择留下，一旦公司明年生意好转，将会给予双倍奖金作为补偿。这一决策体现了孙磊对员工的尊重。最终，一些员工选择离开，而另一些则选择信任孙磊，与公司共渡难关。

第二年，公司成功接到了几个大项目，资金状况得到显著改善。孙磊没有忘记那些在困难时期坚守岗位的员工，他不仅兑现了当初承诺的奖金，还额外给予了红包作为奖励。这一行为不仅让员工感到高兴，更增强了他们对孙磊的信任和忠诚，更加愿意为公司努力工作。

这个故事告诉我们，管理者在向员工做出承诺后，员工会基于对他的信任而努力工作。因此，管理者必须具备"君子一言，驷马难追"的魄力，兑现自己的诺言。如果无法确保兑现诺言，就不应轻易做出承诺。虽然一时的承诺可能会带来短暂的成效，但如果最终无法兑现，员工的失望感会更加强烈。

企业发展不仅需要资金和技术，更需要人才。如果没有人才，企业的发展将无从谈起。因此，企业管理者应该诚信对待员工。无论是升职加薪还是其他福利，管理者一旦做出承诺，就应该及时兑现，不能反悔。

"言出必行，行必有成，成必践诺。"这是管理者应具备的基本素养。只有这样，管理者才能赢得员工的信任，才能建立一个团结协作、气氛融洽的团队，管理者的话语才能在团队中具有权威性。

刘刚的公司最近遇到了一些麻烦，原因是离职员工方力泄露了公司的机密资料。在公司创业初期，刘刚曾向方力承诺，只要公司发展壮大，就会提拔他为主管。方力为了回报刘刚的赏识，工作非常努力，经常加班加点，从不抱怨。

然而，随着公司的发展，刘刚仿佛忘记了当初的承诺。方力曾委婉地多次提醒刘刚，但刘刚总是装作不知情。最终，方力选择离职，愤怒之下，将所知的公司机密泄露给了竞争对手。

对员工的承诺得不到兑现时，他们会感到失望和愤怒，即使离职了，也可能给企业带来严重的后果。他们在情绪不稳定的情况下，散播对公司不利的言论，也会对企业的声誉造成损害。

因此，作为企业的管理者，如果想要在员工中树立权威，就必须做到一言九鼎，及时兑现对员工的承诺。在向员工做出承诺时，管理者应注意以下几点。

1. 真实表达

在招聘或与员工沟通时，管理者要真实地表达自己的想法，不违背事实，不超出自己的权力范围做出承诺。

2. 承诺时要留有余地

在做出承诺时，要留有余地，不要轻易把话说绝，可以使用"尽力而为""尽最大努力""尽可能"等委婉的词语。

3. 避免隐性承诺

管理者在与下属沟通时，要避免语意模糊不清，防止下属产生误解，认为管理者做出了承诺。

4. 诚恳道歉

如果由于特殊情况，承诺无法兑现，管理者应向员工诚恳道歉，坦诚地说明原因，寻求员工的谅解，并尽可能从其他方面给予补偿。

通过这些做法，管理者可以与员工建立信任，同时，员工也会更加尊重和支持管理者。这有利于团队形成一种积极向上的工作氛围，共同推动企业向前发展。

自信有主见，
管理者的王者风范

对管理者而言，自信绝对是一种宝贵的品质。自信不仅能够影响一个人的形象，还能够在很大程度上决定一个人的影响力和领导力。自信的人往往更能够吸引他人，赢得他人的信任和尊重。因此，作为管理者，展现自信，彰显"王者风范"，对于树立权威和管理团队具有重要意义。

张廉因为业绩突出被提拔为部门主管，然而由于缺乏管理经验，他在决策时常常犹豫不决。无论是选择团队成员提出的计划，确定任务报表的提交时间，还是面对员工请假的请求，张廉总是需要征求他人意见才能做出决定。时间一长，下属们开始质疑他的能力，认为他无法独立处理问题。尽管张廉名义上仍然是主管，但在大家心中，他的存在感越来越弱，他所下达的指令也不再受到重视。

这种现象在管理经验不足的管理者中并不罕见。他们往往担心自己的决策不够完美，害怕错误的选择会带来负面后果。因此，在面对问题时，他们很难独立做出决定，总是依赖于他人的意见。归根结底，这种过度依赖源于缺乏自信。

一个缺乏自信的管理者很难有出色的表现，也难以赢得团队的尊重和信任。一个人不自信时，他往往会感觉自己不如他人，即便实际上他可能具备足够的能力。思想影响行动，内心的不自信会直接反映在行为上。

例如，如果我们认为自己缺乏掌控大局的能力，不可能超越他人，那么在遇到问题时，我们可能会倾向于寻求他人帮助，跟随他人的步伐，而不是发挥自己的潜力。这样的行为会让下属认为我们不具备管理能力。

缺乏自信的管理者可能会给员工留下软弱可欺的印象，难以赢得员工的尊重。长此以往，他在团队中的权威性就会逐渐丧失。

没有人会愿意跟随一个缺乏自信的人。对于那些不自信、没有主见的人，他人最多只会给予同情，而不是尊重和信任。因此，要想成为一个合格的管理者，必须向下属传递出自信的信号，这样他们才愿意听从安排。

日本著名音乐指挥家小泽征尔在一次指挥大赛的决赛中，发现乐谱中有错误。他让乐队停下来，并向评委们指出乐谱的错误。尽管在场的人都坚称乐谱没有问题，小泽征尔仍然坚信自己的判断。他大声说："不！一定是乐谱错了！"他的声音刚落，评委们纷纷祝贺他获得冠军，全场响起了热烈的掌声。原来，这是决赛中的一个考验，旨在测试指挥家们的自信心，看他们是否能够坚持自己的判断。只有具备这种素质的人，才能成为世界一流的指挥家。

这个故事告诉我们，无论是在乐队还是其他团队中，人们都会更倾向于信任那些表现出自信的人。自信的人会让人们感觉他们更有能力，更有掌控力。

因此，要想让自己的话语更有说服力，让下属更服从管理，管理者就必须有主见，并在遇到问题时坚守立场，让下属感受到你的自信。那如何增强自信心呢？不妨试试以下方法。

1. 进行全面的自我剖析

管理者可以从自己的优势入手进行分析，列出自己的特长、爱好和才能，如绘画、唱歌的爱好，吃苦耐劳的特性，坚韧不拔的创业精神等。通过发现自己在某些方面胜过别人，你的自信心就会有所增强。任何精神上的进步或物质上的收获，都是增加自信心的滋补剂。

2. 阅读成功人士的传记和励志书籍

阅读是帮助人们增强自信的有效方法。当看到成功人士曾经经历的困难、挫折和失败，管理者就会对自己的现状感到更加自信，相信自己未来也能取得成功。

总之，自信是管理者不可或缺的品质。通过自我剖析、阅读和不断学习，管理者可以逐步增强自信心，从而成为一个更有说服力、更受人尊敬的管理者。

传递正能量，
排除一切消极字眼

在职场中，正能量的注入对于任何一个团队都是至关重要的。它不仅能够激发员工的积极性，还能增强团队的凝聚力和战斗力。对于员工而言，传播正能量是他们的责任；对于管理者来说，这是一项重要的任务。

赵刚因为出色的表现被提升为部门主管。然而，上任不久，他便发现公司存在许多发展上的不足之处。在每次会议中，除了讨论工作内容，他还常常向下属表达对公司的失望，认为公司的前途会因这些问题而受阻。起初，他的团队成员工作努力，部门业绩也能按时完成。但几个月后，情况发生了变化：由于赵刚持续散播不满情绪，团队成员也变得满腹牢骚，对公司下达的任务缺乏积极性。

我们通常将忧愁、悲伤、愤怒、紧张、焦虑等情绪统称为负能量。每个人身上或多或少都带有负能量，但并非每个人都是负能量的传播者。一个人开始不断传播负能量时，他就会逐渐变成一个充满负能量的人。负能量的人通常具有这些特点：对生活持悲观态度，除了抱怨不公之外，不愿采取行动去改变现状；对工作缺乏热情，遇到小问题就容易情绪失控；习惯于愤世嫉俗，将生活想象成战场，对他人抱有敌意。

这些负能量会让工作和生活变得阴暗。因此，人们往往会选择远离负能量的传播者，不会对他们产生喜爱和信任。

对于管理者来说，传播负能量的后果更为严重。这不仅会让员工对其心生厌恶，而且更可怕的是，整个团队可能会陷入一种死气沉沉、毫无斗志的状态。员工心中充满负能量，不再认真对待工作，甚至开始不服从管理者的指挥，最终可能导致团队的瓦解。

因此，管理者在与团队沟通时，应尽量传播正能量，避免散播负能量信息。

王乙是一家销售公司的经理。最近，他所在的行业并不景气，很多同行选择关闭公司。他们公司的业绩也受到了影响，同事们焦虑不安，担心失业。然而，王乙并没有像其他人那样悲观。他每天都会早早来到办公室，亲切地向每个人问好，不时给下属带来小零食，并在困难时期组织公司聚餐，让大家放松了几天。

公司的员工私下议论："是不是公司最近状况好转了？""看来可以安心工作了，不用担心失业。"从那以后，大家都认真地完成王乙分配的任务，对他的指示深信不疑。

正是因为员工们不再懈怠，公司才得以维持正常运转，在困境中坚持下来，并最终重回正轨。公司稳定后，王乙被提升为总经理。

正能量具有一种鼓舞人心、激发进取心的力量，它给人以希望和追求进步的动力，促使人们积极向上。一个拥有正能量的人会对周围的人产生积极影响，尤其是团队管理者，他们发挥的积极效应会更加显著。比如，在一个销售团队中，如果管理者经常与团队分享销售精英的成就，团队成员就会看到未来的希望，从而更加努力工作。

一个经常分享正能量的团队管理者能够增强团队的凝聚力，让团队成员时刻保持积极状态。此外，分享正能量还能提高管理者话语的说服力。因为团队成员会认为他们身上充满希望，能够为自己带来更好的前途，也会更愿意听从他们的安排。

那么，管理者如何坚持传播正能量呢？建议参照以下两点。

1. 对员工表达感恩之情

作为管理者,要时常感激员工的付出和合作。管理者在与员工交流时,应时刻保持谦逊和感恩的态度,让员工感受到自己被尊重。

2. 多多赞赏员工的优秀品质

如果管理者能经常赞赏员工的优点,就会让员工觉得受到重视。这样,员工将更加认真对待工作,更愿意接受管理者的指导。

要想打造一支在任何困难面前都能坚持下来的团队,管理者必须成为一个传播正能量、避免负能量的人。只有这样,管理者才能赢得员工的爱戴和拥护,自己的每一句话才更具权威性和说服力。通过传播正能量,管理者不仅能够提升团队的士气,还能激发团队成员的潜力,共同克服困难,实现目标。

6 永远不在下属背后说三道四

作为管理者，总会期望在团队中建立和维护自己的威信。然而，威信的建立并非一蹴而就，而是需要在日常行为中不断积累。其中，不在下属背后说三道四，是维护威信的重要原则。

一日，会议结束后，主管陈密特意将常在工作上疏忽的小张叫进了办公室。在私密的交谈中，陈密明确指出了小张的问题所在，并希望他日后能够引以为戒，改进自我。然而，小张的认错态度显得很是敷衍，这让陈密心中颇感不悦。

待小张离开后，陈密又叫来了另一位下属进行交谈。在谈话过程中，陈密不禁提及了小张的情况，他叹息道："小张在工作中屡次出错，虽然多次提醒，但改进甚微，而且认错态度也不诚恳，实在令人失望。"

然而，这次无心的交谈被这位下属当作了闲聊的话题，并在同事间传播开来。不久，这件事便在公司内传得沸沸扬扬，使得陈密被贴上了"背后说坏话"的标签。部门的员工因此开始逐渐疏远陈密，对他的指令也显得不那么积极执行。

管理者和下属之间相互评论是常有的事，但管理者在背后对下属进行负面评价时，无论出于何种动机，一旦这些话传到当事人或其他下属耳中，都会对管理者的形象和威信造成不可估量的损害。

俗话说："君子坦荡荡，小人长戚戚。"管理者应展现出光明磊落、坦诚正直的形象。如果管理者在背后说下属的坏话，下属得知后，会认为管理者是小人。这样的管理者是无法赢得下属的尊敬的。

此外，管理者若对一个下属说三道四，会引起团队的恐慌和不信任。一旦团队中出现猜疑，团队的运作就会受到影响，下属可能会开始明哲保身，对管理者的指示唯唯诺诺，内心却不再真正服从。这会严重影响工作质量和团队士气。

因此，管理者应保持威严，避免在背后对下属进行负面评价。下属有需要改正的地方，应选择当面沟通，直接而坦诚地提出问题和改进建议。

张楠是一家产品公司的主管，他所在的部门一直以来业绩都相当出色。

然而，前不久部门里来了一名新人。或许是因为初来乍到，她对各项工作都略显生疏，表现平平。两个月过去了，她的工作能力未见明显提升，甚至对部门业绩产生了影响。

于是，张楠决定跟新人谈谈心。他将这名新人单独叫到办公室，语重心长地对她说："你来部门已经两个多月了，现在应该更加全身心地投入工作中。我们的工作内容看似简单，但要想取得好成绩，就必须用心去做。我希望你能鞭策自己，更加努力！"

新人听后，脸上露出了羞愧的神色，她不好意思地点了点头。从那以后，她开始认真对待工作，而张楠也并未因此改变对她的态度，依然在她做得好时给予夸奖，在她犯错时提出批评。

一个月后，这名新人的工作能力得到了显著提升。

作为一位优秀的管理者，其职责远不止于制定战略和分配任务。真正的挑战在于如何巧妙地激发下属的潜能，使他们在各自的岗位上熠熠生辉，共同为企业创造价值。

在指导与反馈的过程中，管理者的言语艺术至关重要。面对下属的不足，简单的批评或指责往往会适得其反。相反，以建设性的方式提出意见，如"我注意到你在这方面的表现已经相当出色，但如果在某方面再稍作加强，我相信你会做得更好"，不仅能让下属感受到管理者的关心与期待，还能让其明确自己改进的方向。

维护团队的和谐与凝聚力是管理者不可推卸的责任。为了树立正面的威信，管理者必须时刻注意自己的言行举止。以下是几点建议，可以帮助管理者在团队中树立良好形象，提升团队的整体效能。

1. 坦诚沟通，直面问题

避免背后议论，直接与下属沟通问题。这样的沟通方式不仅能够迅速解决问题，还能增进双方的了解与信任。

2. 提出建设性反馈

发现下属有不足之处时，不要一味地指责，而是提出具体、积极的建议。这样的反馈方式能够让下属明白自己的问题所在，同时感受到管理者的支持与鼓励。

3. 尊重每一位下属

在提出批评或建议时，始终尊重下属的感受，避免伤害他们的自尊心。以理解和包容的心态去倾听他们的想法和意见，共同寻找解决问题的最佳方案。

4. 树立正面形象

始终保持正直、公正的形象，做到言行一致，赢得团队的尊重和信任。团队面临挑战时，管理者要敢于担当，成为团队的坚强后盾。

通过以上方法，管理者不仅能够有效地引导团队，提升团队的整体表现，还能在团队中树立威信，赢得下属的尊重和信任。在这样一个和谐、积极的团队氛围中，每个成员都能充分发挥自己的潜能，共同为企业创造更加辉煌的明天。

7

有时候，
沉默也可以震慑群雄

在许多人的观念中，沉默似乎与管理者的形象格格不入。人们普遍认为管理者应具备雄辩的口才，能够滔滔不绝地发表演讲。然而，现实中，过于健谈的管理者往往难以赢得员工的真正尊敬。

张丽是一家公司的新手主管，她致力于与下属建立密切的工作联系，频繁地与他们沟通交流。起初，下属们对她的指示言听计从，但随着时间的推移，他们开始对她的细致管理感到麻木。张丽的指示和任务逐渐被忽视，甚至她追问进度时，下属们以"我忘记了"为由敷衍了事。

张丽逐渐陷入了工作困境，她的焦虑情绪日益增长。她开始意识到，管理者的沟通并非越多越好，而是应恰到好处，避免过度干涉。

管理者的过度沟通可能会削弱自身的威信。在下属眼中，管理者应是权威的象征，而一旦陷入喋喋不休的境况，即便每句话都充满分量，也会逐渐失去影响力，最终导致无人重视。

管理者的话语应如金子般珍贵，而非泛滥如水。正如古语所言："言多必有数短之处。"过度的话语容易引发失误，原本的点睛之笔可能变成画蛇添足。管理者的权威，往往会在不经意间因多言而受损。

此外，过度的沟通可能导致管理者与团队的界限模糊。虽然这在一定程度上有助于建立亲和力，但也可能使管理者失去威严，团队可能因此迷失方向，最终变成一盘散沙。

相反，那些善于运用沉默的管理者，往往能够保持自己的威严。

法国国王路易十四年轻时以雄辩著称，登基后却变得沉默寡言。他的简短回答"我会考虑的"，既保持了神秘感，又让臣下对他充满敬畏。正是路易十四这种沉稳内敛、深藏不露的王者气质，赋予了他一种沉默的力量。在他的带领下，法国逐渐走向强盛，他也成为法国历史上在位时间最长的国王之一。

公爵圣西蒙对路易十四的评价是："没有人像他那样精于抬高自己的语言、微笑，甚至一抹眼神的价值。"管理者的沉默，无形中增强了他们的威信，使下属更加尊敬。

美国艺术家安迪·沃霍尔曾说，光凭语言让别人去做你希望他们做的事情，往往是不可能的。他意识到，沉默是一种力量，能够让管理者保持权威。

管理者的沉默并非无言，而是一种策略、一种力量。在管理艺术中，沉默可以是一种强有力的交流方式。以下方法，有助于管理者灵活运用沉默的力量。

1. 倾听为主

优秀的管理者擅长倾听。通过积极倾听下属的意见和需求，管理者不仅能更好地了解团队的动态，还能发现问题的本质，从而做出更加明智和及时的决策。

2. 保持神秘感

适度的沉默能够增加管理者的神秘感，激发团队的好奇心和尊敬。让下属对管理者的决策和思考保持一定的猜测空间可以提高他们的参与度和对管理者决策的期待。

3. 控制情绪

在面对挑战或冲突时，管理者的冷静至关重要。管理者可以利用沉默来稳定情绪，避免在情绪化的状态下做出决策或发表冲动的言辞。这有助于维护管理者的形象和团队的稳定。

4. 创造思考空间

沉默可以为团队创造思考和内省的空间。在紧张的工作节奏中，管理者的沉默可以提醒团队成员放慢脚步，深思熟虑，从而促进更有创造性的解决方案的产生。

5. 强化非语言沟通

沉默并不意味着完全不交流。管理者可以利用肢体语言、面部表情等非语言方式来传达态度和情绪。有时这些非语言信号比语言更有力。

6. 塑造决策的紧迫感

在关键时刻，管理者的沉默可以传达一种紧迫感，使团队意识到决策的重要性，从而更加集中精力和资源来应对挑战。

通过这些方法，管理者可以更有效地运用沉默的力量，来增强自己的权威，激发团队的潜能，促进团队的和谐与进步。

第三章

带团队就是带人心,
教你好好沟通!

1 偶尔和下属聊聊工作以外的事

很多管理者认为,与下属的沟通只需围绕工作任务、目标和业绩等话题,无须涉及工作之外的人际互动。然而,这种做法很容易使下属感到被工具化,从而失去团队归属感以及对管理者的忠诚度。

何良是一家公司的生产部经理,他以认真负责的工作态度迅速赢得了员工的尊敬。每当生产线出现问题,他总是及时与相关负责人沟通,并提供有效的解决方案。员工们欣赏他的严谨作风,并乐于与他合作。

然而,随着时间的推移,何良开始注意到员工们的态度发生了变化。他们开始向人事部门反映工作压力过大。这让何良感到困惑,因为他确信,通过业务流程的优化,员工们的工作任务量实际上已经减轻了。

为了了解问题的根源,何良找到了一位与自己关系较好的下属进行交谈。这位下属告诉他,自从何良加入公司以来,每次与下属的交流都仅限于工作话题,这给员工们带来了巨大的心理压力。他们感觉自己被视作完成任务的工具,而非团队中的重要成员。

与下属沟通工作事宜并没有错,但如果仅限于此,则会让下属感到缺乏关怀,还可能将管理者与下属之间的关系简化为纯粹的雇佣关系。长此以往,下属可能会感到自己处于一种缺乏人文关怀的环境中,逐渐对团队失去兴趣,甚至产生厌恶感。一旦管理者让情况恶化至此,下属很可能不再愿意追随他,团队的凝聚力也会因此瓦解。

此外,频繁的工作交流还可能给下属带来隐形的压力。一旦下属感觉到管理者每次找自己都是为了讨论工作时，他们可能会时刻担心自己的工作表现是否存在问题。这种担忧会分散他们的注意力，影响工作效率。

一个只关注工作事务的管理者，最终可能会失去下属的支持。下属可能将这种"敬职"的态度视为压迫，甚至可能以离职作为反抗的手段。

因此，管理者要偶尔与下属聊聊工作以外的事情，这样不仅能够缓解他们的工作压力，还能增强他们对团队的忠诚度。

张尧在加入一家新公司后，担任了人事部副经理的职位。为了实现自己的职业目标，他工作勤奋，对每个下属都关怀备至。他不仅亲自指导下属解决工作上的问题，还经常教授他们新的工作技能。他的知识和专业赢得了下属的尊敬。

更为重要的是，张尧还会在空闲时与下属谈心，了解他们的近况，聊一聊工作以外的话题。几个月下来，他与部门成员的关系越来越近，部门的业绩也有了显著提升。半年后，由于具有出色的团队管理能力，张尧顺利晋升为经理。

每个人都希望在工作中保持精神上的轻松和愉悦，尤其是下属，他们渴望在一种相对轻松的氛围中工作。作为管理者，如果能在与下属的沟通中穿插一些工作以外的话题，将有助于缓解下属的紧张情绪，提高工作满意度。

例如，如果下属正在租房，管理者可以与他讨论房租的变化，表达对他生活状况的关注。这样的对话不仅能让下属感受到管理者的关怀，还能增进双方的了解和信任。

再如，如果下属的家乡最近有所变化，管理者可以与他分享这一消息，表达对他家乡的关注，从而拉近管理者与下属之间的距离。因为谈论家乡总能唤起人们的亲切感。

作为下属，只有他们感觉到自己所在的团队不会给他们带来压抑和束缚时，他们才愿意更积极地为团队的发展做出贡献。作为管理者，通过偶尔谈论工作以外的话题，努力营造相对轻松的氛围，帮助下属放松紧张的心情。

以下几点建议，有助于管理者与下属建立更紧密的联系。

1. 展现真诚的关怀

了解下属的个人生活，关心他们的心理状态，这能够让下属感受到温暖和被重视。

2. 开展非正式交流

利用休息时间或团队建设活动，与下属进行非正式的交流，增进彼此间的了解和信任。

3. 倾听下属的想法

在讨论工作以外的话题时，给予下属表达自己观点的机会，倾听他们的想法和感受。

4. 分享个人经历

与下属分享一些个人的非工作相关经历，这有助于建立更深层次的人际关系。

通过这些方法，管理者可以有效地与下属建立良好的关系，营造一个积极、健康、高效的工作环境。

2

有人情味的管理者必然尊重员工

毋庸置疑,管理者与员工之间的相互理解与尊重是构建良好工作关系的基础。管理者的身份并不意味着拥有优越感,更不意味着可以无视员工的尊严。尊重员工不仅是人情味的体现,更是高效管理团队的关键。

赵心在一家计算机公司工作,凭借出色的工作能力和不懈的努力,他在两年内晋升为经理。然而,晋升后的赵心因处理问题不当而频繁与下属发生矛盾。在一次售后服务工作中,下属因未能及时给客户解决软件问题而被投诉。在客户发泄不满后,赵心未能给予下属适当的支持与指导,反而当众批评下属,言辞尖锐,伤害了下属的自尊心。

这种管理方式导致部门的离职率不断攀升,最终公司为了控制损失,不得不将赵心调至分公司,并降低了他的职位。这一事件反映出管理者若不能尊重员工,最终将损害团队的稳定与发展。

若管理者总是以自我为中心,忽略员工的感受,员工不仅会感受到自尊心受损,还可能产生敌对情绪。尤其在上下级关系中,尊严一旦受损,则极易引发矛盾。

不尊重员工的管理者,容易将员工视为赚钱的工具。这会导致员工在工作中缺乏积极性,面对困难时,他们可能会选择离开,而不是共同面对挑战。相反,一个尊重员工的管理者能够激发团队的潜力,带领团队取得成功。

土光敏夫是日本企业界的权威人士,他在68岁那年出任东芝公司社长。

尽管作为社长他完全可以将工作委派给下属，但他仍然不辞辛劳，亲自访问各地的工厂和营业所，与基层员工进行深入的沟通和交流。

他还将总部的办公室完全开放，欢迎各级员工前来讨论问题。起初，前来交流的员工并不多，但他对每位来访者都展现出极大的善意。半年后，他的办公室就变得熙熙攘攘，员工纷纷前来商讨公司的各种问题。

土光敏夫还提出了这样的倡议："如果员工认为自己在某个领域最能发挥所长，可以主动申报；同时，公司某个部门需要特定人才时，应优先考虑从公司内部员工中选拔，以鼓励员工在公司内部充分流动。"

这种尊重员工的管理方式取得了显著成效，员工士气高涨，公司的业务也因此蓬勃发展，逐渐跻身全球知名企业之列。

尊重员工的管理方法能够带来意想不到的积极效果。员工受到尊重后，他们对团队的忠诚度和工作热情会显著提升，从而推动团队向着更高的目标前进。日本松下创始人松下幸之助经常对员工表达尊重和感激："我做不到，但我知道你们能做到。"他要求管理者必须尊重员工，对员工心存感激之情。

尊重员工意味着将他们视为合作伙伴。管理者应尊重员工的能力差异，不嘲笑或挖苦下属，尊重他们的习惯、隐私、观点和经验。在交流中，使用礼貌用语，如"请"和"谢谢"，这些细节能够体现出对员工的尊重。

同时，尊重并不等于无原则迁就。如果是出于帮助员工进步的目的，适当的批评不仅不会损害他们的尊严，反而是对他们的尊重，帮助他们成长。管理者在指出员工错误时，应清晰、公正。

尊重是相互的。管理者在尊重员工的同时，也会赢得员工的尊重。营造互相尊重的团队氛围，能够激发员工的感恩之情，使他们更愿意为团队做出贡献，从而促进团队的健康发展。

以下几点方法，可以帮助管理者在管理中更好地尊重员工。

1. 倾听员工的意见

在决策过程中,倾听并考虑员工的意见,让员工感受到自己的价值和对团队的重要性。

2. 公平对待

确保所有员工都能在公平的环境中工作,无论其职位高低,都应受到公平对待。

3. 提供成长机会

为员工提供培训和发展机会,帮助他们提升技能,实现职业发展。

4. 正面反馈

及时给予员工正面的反馈和认可,增强他们的自信心和工作动力。

5. 尊重多样性

尊重团队中不同背景和文化的员工,营造多元和包容的工作环境。

通过这些方法,管理者可以更好地尊重员工,建立一个积极、高效和团结的团队。

3 换位思考，理解下属的难处

由于职位的差异，管理者很难完全理解下属的处境和难处，与下属之间的沟通往往存在着一定的隔阂。但只要管理者善于换位思考，站在下属的角度去理解他们，就不难建立良好的上下级关系。

李明然是一名部门主管，他对工作非常认真，对每个细节都追求完美。然而，有一次，部门的一名员工在完成项目时超支了20多万元，虽然这仍在公司预算范围内，但李明然无法接受。他认为这是下属的失职，并问道：为什么有更节省的方法却不采用？下属解释说，由于时间紧迫，他只想着完成任务，没有来得及做好方案对比。但李明然并不买账，认为这是下属工作失职的借口，因此对下属进行了严厉批评。这使得下属感到非常委屈，并在部门内诉苦。随着时间的推移，部门的员工开始觉得管理者不近人情，对李明然产生了抵触心理。

这种管理者与下属之间的误解和矛盾在团队中十分常见。大多数情况下，这些问题源于双方在沟通时缺乏深入的相互理解。如果管理者因误解了下属，让下属感到委屈和不满，下属可能会认为管理者"站着说话不腰疼"，甚至产生"如果你是我，你试试看"的念头。

虽然员工的工作没有达到预期，但他们已经尽力做到了自己能做到的最好结果。如果作为管理者的我们不能理解他们，他们的内心就会充满委屈和不满。

在一个团队中,如果下属感受不到人情味,对管理者不满,那么他们对管理者分配的任务也会逐渐懈怠。这样的团队最终难以取得很大的发展。因此,管理者在与员工交流时,必须学会设身处地考虑员工的处境。

前不久,王雷跳槽成功,到一家新公司当宣传部的主管。在新公司,他工作很细致,对每件事情都很上心。

有一次,他把一份设计文案的任务交给了副主管,让他尽快完成。在快到任务截止日期的时候,副主管将完成的方案交给了他。然而,这份文案的质量并不高,有些地方还有一些明显的错误。

副主管知道自己做得不是很好,并已经做好接受批评的心理准备了。然而,王雷并没有批评他,而是说:"只是细节方面还有待改进。我知道这次任务重时间紧,你也加班加点完成了。这样吧,我来修改一下就可以了,你已经做得很好了!"副主管听后,悬着的心总算落下了。

从那以后,副主管工作更认真了,他将部门的业务处理得井井有条,部门的业绩也越来越好。

人们在看待事物和处理问题时,往往习惯于从主观、单一的角度出发,以自我为中心,根据自己的生活经历、社会认知和成长环境来分析问题,这样很容易造成认知偏差。不同的人,由于能力、经验和知识的差异,处理事情的效率和完成工作的质量也会有所不同。

在与他人交流时,我们必须学会换位思考,站在对方的立场去看待问题,这样才能更好地理解对方。这种方法能让管理者更客观地看待每个员工所面临的问题,做出最明智的判断。如此一来,下属就不会觉得管理者只是以管理者的身份"信口开河",而管理者给出的结果也更可能让下属心服口服。

如果下属已经尽力而为,完成任务确实存在困难,管理者应该表扬他们已经做得很好。这样做既能让下属认为管理者深明大义,还能增强他们对团队的信心,提高他们对团队的忠诚度。

一个懂得换位思考的管理者，自然会受到员工的爱戴和拥护。毕竟，没有人会不喜欢那些设身处地为他人着想的人。这样的管理者往往能更轻松地管理团队。

以下是一些帮助管理者实现换位思考的方法。

1. 倾听与观察

积极倾听员工的意见，不打断员工说话，不立刻提出自己的看法，而是尽量理解他们的观点和感受。注意观察员工的非言语信号，如面部表情和肢体语言，这些通常能反映出他们的真实情感和态度。

2. 开放式沟通

鼓励员工分享他们的想法、疑虑和困难，创造一个开放、包容的沟通环境。定期举办团队会议，让员工有机会发声，并确保每个人的意见都被听到和被尊重。

3. 角色扮演与模拟

在团队培训或会议中引入角色扮演活动，让管理者和员工互换角色，以体验不同视角下的情境。通过模拟不同场景下的决策过程，培养管理者的换位思考能力。

4. 实践与反思

每次与员工互动后，进行自我反思，评估自己是否真正站在了员工的角度思考问题。邀请可信赖的同事提供反馈，帮助自己不断改进换位思考的能力。

通过这些方法，管理者可以逐渐培养和提高自己的换位思考能力，从而更好地理解和满足员工的需求，提升团队凝聚力和整体绩效。

用商量的方式指挥下属，效果更好

在传统的管理观念中，管理者的命令常常被视为不可违抗的军令，下属必须无条件执行。然而，这种命令式的管理方式在现代社会中并不总是有效的，反而可能引起下属的抵触和不满情绪，从而影响团队的凝聚力和工作效率。

李天在一家公司工作近两年，因其出色的业务能力被提升为经理。在担任经理的第一天，他在早会上与大家熟悉后，立即开始布置工作任务。为了加快工作进度，他告诉团队："不要跟我反映什么问题，现在就放手去做，这是命令！"然而，项目最终完成得很差，其中一名员工负责的部分尤其糟糕。李天询问原因时，员工情绪失控，与李天发生了激烈争吵，并指责李天不允许他反映问题，只是一味地命令他按照安排去做。最终，这名员工选择辞职。

管理者在下达命令时，其强制性和约束力可能会引起下属的抗拒和不满。例如，如果管理者强硬地要求下属在三天内完成任务，下属可能会心生反感，甚至故意不按要求执行，最终严重影响任务进度。

此外，如果管理者在布置任务时，只将下属视为任务接收者，而不引导他们充分理解任务细节和帮助他们解决疑惑，下属在执行任务时就很难达到预期效果，甚至导致任务延期。

一个不与下属沟通、只知道发布命令的管理者，会让员工认为其自以为是、目中无人以及缺乏能力。长期这样下去，团队的创新性和积极性将受到抑制，更谈不上发展。

因此，作为管理者，不应滥用权威，而应设法使下属心悦诚服地按照要求去完成工作。

赵虎是一家公司的副经理，他考虑问题细致周到。他刚加入部门时，由于前任管理者的影响，员工对工作不太配合，任务完成情况不尽如人意。

有一次，公司给部门下达了一个重要任务。赵虎将任务细分后分配给每个员工，并说道："大家要是对现在手头负责的工作有什么疑问都可以提出来，或者等散会后来找我也行，我们好好配合争取把这个项目做好。"一些员工在会后找到赵虎，提出了各种问题，如工作内容与能力不符，或个人无法完成分配的任务，等等。赵虎通过商量的方式解决了他们的问题。最终，任务取得了圆满成功，团队氛围也变得融洽。

松下幸之助曾说："不论是企业还是团体的管理者，要使属下能高高兴兴、主动自发地做事，我认为最重要的，要在用人和被用人之间，建立双向的，也就是精神与精神，心与心的契合、沟通。"所以要让员工心甘情愿地工作，关键在于与他们进行有效沟通，让他们参与决策过程，充分理解任务要求。

通过这种沟通方式，管理者还能激发下属的创造性思维。管理者以商量的口气与他们交谈时，他们自然会表达对工作的想法。不同的想法交织在一起，容易产生新的方法或创造性的想法。一个充满活力的团队会让员工更加安心，管理者的管理也会更加容易。

那么，管理者该如何以商量的方式与下属沟通呢？

1. 使用礼貌和询问的语气

在布置任务时,使用"麻烦你……""你可以把这个完成吗"等礼貌和询问的语气,能体现管理者的真诚,从而让下属感到被尊重。

2. 保持耐心和理解

在与下属沟通时,保持耐心和理解,避免因急躁或不理解而导致冲突。

3. 鼓励提问和反馈

鼓励员工提出问题和反馈情况,共同解决问题,让他们知道管理者愿意倾听他们的声音。

4. 共同参与决策

让员工参与决策过程,让他们感到自己的意见被重视,增强他们的责任感和归属感。

如此,管理者可以更有效地与下属进行沟通,从而建立一个和谐、高效和创新的团队。

5

真诚地表达对下属的关心

在管理团队的过程中，有一项很重要的管理艺术：管理者要善于温暖员工的心。然而，一些管理者对此存在误解，认为只要表面功夫做得好，就能赢得员工的心。但实际上，员工对于管理者是否真心关怀自己，有着敏锐的感知能力。

在公司的年会上，新晋经理李琛在演讲结束后，为了展现自己对员工的关心，选择与部门员工同坐一桌。不久，他便与几名员工展开了对话。

"最近工作感觉累不累？"李琛询问道。

"工作本身还好，只是每天下班比较晚，休息时间不足。"一名员工回答。

李琛沉默片刻后说："如果大家有什么不满意的地方，都可以告诉我，我会尽力帮助大家解决。"

但每当员工提出不满，李琛总是转移话题。这一晚过后，部门员工开始认为李琛虚伪，对他产生了反感。

不久，由于管理不善，李琛被撤职。

管理者若只是习惯性地做做表面工作，而不是真正关心员工，员工很快就会识破这种伪善的做法。这样的管理者最终会让员工感到被欺骗，从而产生厌恶和抵触情绪。

真诚关心员工对于增强员工团队认同感和忠诚度至关重要。如果管理者不关心员工，员工对团队的归属感会逐渐减弱，最终可能会选择离开。

张冲是一位与员工关系良好的经理。发现一名员工表现不佳,他没有立即责备,而是先了解该员工的情况。在了解了情况后,张冲找到这位员工,说道:"你家里的情况,我了解了一点,我也帮不上什么忙,就准你一周假,让你调整调整,你看怎么样?"这位员工听后非常感激。这件事在部门里传开后,其他员工也更加信任张冲。

真诚的关心意味着管理者在帮助员工时,会全心全意地站在对方的角度考虑。在交流中,每一句话都发自内心,真诚地为下属考虑。即使最终未能帮助到下属,下属仍会对管理者心存感激。

管理者在表达关心时,若能结合实际行动,通常会给员工留下深刻的印象。这就要求管理者在与员工沟通前,先得了解员工的具体情况,思考自己能在哪些方面提供帮助,并在沟通中提出这些帮助。要知道,在员工遇到困难时伸出援手,往往比平时的赞美和奖励更有意义。

做到真诚地关心员工,管理者应该注意以下几点。

1. 主动了解员工的情况
在员工遇到困难时,主动了解情况,提供帮助和支持。

2. 真诚交流
与员工交流时,要真诚相待,避免使用空话和套话。

3. 提供个性化关怀
根据员工的不同情况,提供个性化的关怀和帮助。

总之,只有当员工感受到被关心和重视时,他们才会愿意继续支持管理者,为团队的发展贡献力量。对于管理者来说,赢得员工的心,是实现有效管理和促进团队发展的关键。

6

必要时，
勇于向下属说"对不起"

管理者和下属一样，都会犯错。面对错误，下属通常会承认并为此付出代价，而管理者往往出于种种原因难以开口说"对不起"。然而，适当的道歉不仅能够修复关系，还能增强团队的凝聚力和信任感。

周瑾是某公司商务部的经理，最近部门因为一个重要项目而非常忙碌。在一次部门会议中，有一名下属未完全展示其策划方案，周瑾因此大发雷霆："给了你一周时间，你就做成这样子？白白浪费时间！"说完就把这个任务分配给了另一个人。

会议结束后，这位下属再次向周瑾展示了他的方案，周瑾这才意识到自己的错误——这个方案实际上是可行的。但由于拉不下面子来认错，周瑾只是默默地接受了方案，并没有向下属表达歉意。这种态度让下属感到非常失望和心寒，最终选择离职。

一项针对白领的调查显示，60%的受访者表示他们的管理者从未向他们道歉过，只有40%的受访者受到过管理者的道歉。这反映出许多管理者在犯错后不愿或不知如何向下属道歉。一些管理者担心向下属道歉会损害自己的威严，让下属觉得自己好说话，影响团队管理。事实上，这种顾虑是对管理者角色的误解。

管理者如果在决策上犯错，对员工造成了负面影响，却不承认错误，员工就会认为这样的管理者没有担当，不可信赖。长期下去，员工对管理者的支持就会减少,甚至选择离开团队。

相反,大多数人会被管理者知错就改和大度的心态所打动。特别是对当事人来说,能够得到管理者的道歉,不仅能够消除委屈,还会提高对团队的忠诚度。

年底公司要举行年会,作为经理的张光忙得不可开交。

有一天,他吩咐秘书做一份总结材料,并告知秘书第二天的会议上要用到这份材料。那天晚上,秘书加班到了半夜一点多,把材料打印好放在他的办公桌上。

第二天,张光来到办公室,没有找到那份材料,气急败坏地把秘书批评了一顿。

后来,材料在垃圾桶里找到了,原来是张光自己不小心将其丢弃了。

张光找到秘书跟她道歉:"对不起,对不起,是我的疏忽,实在是不好意思!"秘书没想到经理会跟自己道歉,先是一愣,然后连忙说:"没事儿,也是我忘了告诉您文件放在哪儿了。"她心底的委屈瞬间烟消云散了。

从此,他们的工作关系变得更加默契。

管理者向下属道歉,展现了自己的胸怀和格局。这种行为会让下属认为管理者有气度,更愿意跟随这样的管理者,也更愿意为团队付出。同时,道歉也是对下属的一种尊重,能够让员工看到管理者平等待人的态度,感受到被尊重。这为管理者赢得员工的认可和尊敬奠定了基础。

当然,道歉要及时,不要拖延,以免失去道歉的意义。

以下几点方法,可以帮助管理者高效表达歉意,从而增强团队凝聚力。

1. 坦诚面对,勇担责任

一个出色的管理者应该具有自我反省的能力,能够清晰地认识到自身的不足和错误。这种坦诚面对的态度是领导力的基石。问题出现时，逃避责任绝不是解决之道。相反，勇敢地承认错误，是赢得团队信任和尊重的重要一步。

2. 迅速反应，透明沟通

一旦发现错误，管理者需要迅速而透明地与下属进行沟通。及时的信息共享可以防止误会的扩散，同时也为团队提供了一个共同解决问题的机会。延误沟通只会导致信任关系的破裂和团队士气的下降。

3. 切实行动，杜绝复发

单纯的道歉虽然重要，但不足以完全弥补错误带来的损失。管理者需要通过具体的行动来纠正错误，并确保相似的问题不会再次发生。这可能包括改进流程、提供培训或引入新的管理工具，以消除错误的根源。

4. 重建桥梁，巩固关系

错误发生后，修复与下属的关系至关重要。管理者应通过诚恳的道歉和实质性的改进举措，努力重建与团队成员之间的信任。

5. 深刻反思，持续改进

每一次错误都是一次宝贵的学习机会。管理者应当从中吸取教训，深刻反思自己的管理方式和决策过程。通过不断学习和调整，提升自己的管理能力，带领团队走向更加成功的未来。

有了这些方法，管理者可以更好地与下属开展工作，营造出更加健康、积极的团队氛围。

7 向下属虚心讨教，更能获得尊敬

向他人虚心讨教是我们获得成长的一个重要方式，它可能会让我们少走很多弯路，更快掌握一些新知识、学会一些新技能。然而，大部分人成为管理者以后，就再也不记得这个成长方式了。

李乐刚进入一家计算机公司，担任经理一职。

有一次，上司给他安排了一项比较难的技术性工作，他处理了很久都完成不了。请教了很多同级的人还是没法找到解决的办法。这时，有人建议他去找找部门中一个技术比较过硬的员工，可是他觉得自己是管理者，怎么能去请教自己的下属，依旧自己闷头想办法……

结果，他把自己的成果交给上司后，因为完成得不好被上司狠狠地批评了一顿。

这种不愿意向下属请教的心态，源于一些管理者对自身形象的过度关注。他们担心一旦向下属请教，就会显得自己无能，损害自己的威信。然而，这种心态实际上阻碍了管理者的成长和团队的发展。

在团队中，员工会对不谦虚的管理者产生怀疑。如果管理者为了保全面子而忽视问题，最终会让员工失望。失望的员工工作积极性会降低，对管理者的支持度也会降低，这将导致管理工作变得越来越困难。

何明刚到一家公司上任，他是研发部的主管。

在上岗的第一天，他在会议中对大家说："我初来乍到，对咱们很多项目都很生疏,望大家能多多指教。"本来大家都以为就是场面话,鼓鼓掌就过去了。没想到,有一次,何明在讲一个产品研发的流程时,中间有一部分解释不清楚。他怕自己给大家讲错了,就问谁知道这个问题的原理,有一个基层员工举了手。他让这位员工上来讲,自己下去听,并在听的时候还提出了很多问题,这个员工也帮他解答了。

那次会议之后,他还经常去找那位员工学习更多的知识。

何明的行为触动了整个部门,员工工作更加认真,团队氛围也变得更加积极。

一个能够虚心向员工学习的管理者,不仅会受到员工的尊敬,还能给员工做一个表率,起到带头作用。年轻员工通常具有新颖、符合时代发展的思想,管理者向他们学习,可以使管理方法更加贴近时代。

遇到不懂的问题时,管理者应直接向员工请教,而不是不懂装懂。这样做不仅能够高效解决问题,还能增进与员工的关系。此外,管理者在自认为正确的时候,也应该征询员工的意见,这不仅有助于发现潜在的问题,还能让员工感受到被尊重。

每个人都有自己的长处,成功的管理者并非一开始就具备超常能力,而是通过不断向他人学习,逐步完善和发展自己的综合能力。虚心学习不仅能让管理者学到更多技能,还能帮助他们赢得员工的好感。

以下几点方法能够帮助管理者在必要时勇于向下属虚心讨教。

1. 树立正确的学习观念

管理者应认识到向下属请教并不损害威信,反而是一种负责任的体现。这种虚心的学习态度,不仅能够促进个人成长,还能为团队营造一个积极向上、共同学习的氛围。

2. 勇于承认不足

管理者应勇于承认自己在某些方面的不足，并愿意向他人学习。这种坦诚面对的态度，是向他人学习的重要前提。它传递出一个信号：即便身处管理岗位，也有不断学习和进步的空间。

3. 鼓励知识分享

管理者应该积极打造知识共享的团队文化，鼓励员工分享他们的宝贵知识和经验。这不仅能加速团队内部知识的流通和更新，还能有效促进团队成员之间的相互了解和信任。

4. 尊重员工的专业技能和知识

管理者要尊重并认可员工的专业技能和知识，鼓励他们在工作中发挥自己的专长。当员工感受到自己的价值被认可时，他们的工作积极性和团队协作能力将得到显著提升。

通过这些方法的实践，管理者不仅能从下属身上汲取智慧和经验，提升自身的管理和业务能力，还能为团队树立一个积极向上的榜样。这样的管理方式，无疑将大大增加团队在各种挑战中取得成功的可能性。

下属失意，
这样安慰才有效

在日常工作中，下属难免会遇到各种挑战和困难，如工作未完成、任务失败或晋升未果等。作为管理者，及时给予下属恰当的安慰和支持，对于维护团队的士气和凝聚力至关重要。不过，如何有效地安慰下属，却是一门艺术。

张丽是一家公司的部门经理，初来乍到的她全身心投入业务，却忽略了与员工的情感交流。渐渐地，员工对她产生了反感。为了改善与员工的关系，张丽决定关心员工。

有一次，她得知一名员工在完成任务过程中遭遇了挫折。于是，她找到这名员工说："你不要灰心，做不好没关系，我可以找别人接替你，你先休息一下吧！"没想到，这番话反而让员工觉得张丽瞧不起自己，对她的态度更加冷漠。

员工的情绪对整个团队的氛围会产生重要影响。如果员工情绪低落，导致工作积极性下降，不听从管理者的指挥，会给整个团队造成消极影响。管理者在安慰情绪低落的员工时，要特别注意方式方法，这样才能帮助其恢复工作状态，重新对生活充满信心。

李兰是一家设计公司的经理，她对每个下属都十分关心。

有一次，一个新来的女员工在设计一个方案时，因为没有达到客户的要求，被客户狠狠地骂了一顿。尽管这个女员工已经答应再进行修改，但客户依旧对她不满，这让她感到非常委屈，整天闷闷不乐。

李兰得知这个情况后，便把这个女员工叫到办公室，语重心长地对她说："客户有时就是这样，你别太往心里去，他们中有些人就是要求过高。"李兰给她倒了杯水，接着说："做设计这行，挨骂是常有的事。我当初的遭遇比你更糟，有时候一天会被骂好几次。"

看到这个女员工的状态似乎有所好转，李兰继续说："别泄气，好好努力，等我们成为大设计师的时候，就是他们求咱们的时候了，加油！"女孩坚定地点了点头。

从那天起，这个女员工进步神速，部门的业绩也因此得到了显著提升。

在安慰失意的下属时，管理者需要采取正确的方法。首先，要真诚地表达对员工的关心，让他们感受到温暖和支持。其次，要强调客观因素，帮助员工理性分析失败的原因，减少他们对自身能力的怀疑。再次，分享成功人士的失败经历，突出他们在面对失败时的坚韧不拔，可以帮助员工树立信心，找到前进的方向。最后，管理者需要表达对员工的信任，这是对失意员工最大的安慰。

以下几点方法有助于管理者有效地安慰失意的下属。

1. 倾听与深刻理解

当下属讲述自身遭遇挫折时，管理者要静下心来倾听，用心去理解他们的苦恼与困惑。这种同理心能让下属感受到被重视与被关心。

2. 提供实质性帮助

真正的支持不仅仅是口头上的。在了解下属面临的难题后，需要提供具体可行的解决方案或资源，与其并肩作战，共同克服困难。

3. 正面引导与启示

失败不是终点，而是新的起点。引导下属从失败中汲取经验，发现隐藏的成长契机，将挫败转化为前进的动力。

4. 设定新目标与展望

管理者与下属一同规划未来，制定新的目标。这不仅能为他们指明方向，还能重新点燃他们心中的希望之火。

5. 持续陪伴与关怀

一次性的安慰能暂时缓解痛苦，但持续的关注与支持才能帮助下属真正走出阴霾。

采用这些方法，管理者不仅能够助力下属走出失意的低谷，还能提高下属的斗志，增强团队的向心力，让团队发展得越来越好。

第四章

会批评的管理者才能办对事！

1

过度指责，
会引发下属的逆反心理

在公司的日常运营中，下属犯错在所难免，而管理者的责任之一便是指出并纠正下属的错误。需要注意的是，管理者在处理这类情况时，应避免无休止地指责，以免引发下属的逆反心理。

孙超是一家公司的经理。一天早晨，他早早地来到公司，发现办公室的角落里堆放着几袋垃圾，显然是前一天值日的员工忘记处理了，这让他有些不悦。

等到员工陆续到达，孙超召集大家问道："昨天是谁负责打扫卫生的？"李欣红着脸，不好意思地回答："是我。"孙超立刻指责道："你怎么能这么粗心大意？连垃圾都忘记扔，你还能做成什么事？"李欣低声道歉："经理，真的很抱歉，我下次一定注意。"但孙超继续絮絮叨叨地指责李欣的种种不足。李欣终于忍无可忍，愤怒地回击："你说够了没有！"

这场争吵过后，李欣的工作态度发生了变化，她开始在工作中故意拖拉，极其敷衍，孙超无奈之下，只得将她辞退了。

作为管理者，指出下属的错误是必要的。这有助于下属认识并改正错误，从而促进个人和团队的成长。然而，指责应当适度，否则只会让下属产生逆反心理，即使他们不表现出来，内心可能已经开始抵触。

管理者的絮絮叨叨，有时候是想通过重复强调错误的严重性，让下属深刻记住教训，避免再犯。但这种方式往往会引起下属的误解，认为管理者在故意羞辱他们,让他们在同事面前丢脸。这种感觉会导致下属对管理者产生不满,为团队的不和谐埋下祸根。

凡事都有度,一旦超过了这个度,好事往往会变成坏事。俗话说:"全则必缺,极则必反。"管理者在指责下属时,如果一味地喋喋不休,即使下属当时没有表现出来,也会在后续工作中表达这种不满情绪。

比如,老人们在与子女交谈时,由于记忆力减退,常常会反复说同一件事,听多了就会让人感到厌烦。同理,下属听到管理者不断地重复指责,也会因为烦躁而失去耐心。

管理者反复指责某个下属的目的,往往是为了彰显自己的权威,让其他下属看到自己的地位,以此提醒他们不要犯错。然而,这种做法可能会适得其反。

因此,管理者在彰显权威的同时,也要注重与下属的沟通方式,既要指出问题,也要给予下属改正的机会和一定的鼓励,以促进团队和谐发展。

在此,建议管理者在指责下属时注意以下几点。

1. 言简意赅,直指核心

有效的指责应当一针见血,直接点明问题的关键。冗长复杂的论述往往会使下属感到迷茫和抵触,因此,管理者应该力求简明扼要,让下属能够迅速而清晰地认识到自己的错误所在。这样不仅可以提高工作效率,还能保持沟通的顺畅。

2. 以身作则,树立典范

作为团队的领路人,管理者的每一个举动都备受瞩目。身体力行,以自己的实际行动为下属树立榜样,往往比单纯的口头教导更有说服力。通过自身的行为来影响和激励团队成员,可以减少许多无谓的争论和误解。

3. 批评为辅，团结为主

如果在批评过程中言辞过激，引发了下属的逆反心理，一个明智的管理者会及时向下属表达诚挚的歉意。这种坦诚的态度，对于修复受损的同事关系至关重要。

4. 尊重隐私，私下沟通

指出下属的错误时，应尊重其个人隐私和尊严，避免在公共场合或众多同事面前直接批评。优先选择私下交流，不仅保护了下属的自尊心，也更有利于双方坦诚地交换意见和寻找解决方案。

5. 指明方向，助力成长

有效的批评不仅仅是指出错误，还应该包括具体的改进建议和解决方案。管理者在批评之后，应提供明确的指导，帮助下属找到改正错误的方法和路径，从而促进其个人成长和团队的整体进步。

如此，管理者才能更有效地管理团队，促进下属的成长，维护团队的和谐。记住，管理者的目标是帮助团队成功，而不是通过指责下属来显示自己的权力。通过建立相互尊重和理解的工作关系，管理者可以激发团队的最大潜力，共同实现公司的目标。

批评既要对事，
也要对人

管理者在批评下属时常常会说："我对事不对人，希望大家都以此为戒，以后不要再犯这种错误。"然而，这种不针对具体个人的批评方式，真的能让当事人意识到问题所在，并做出改变吗？答案是肯定不能的。实践证明，管理者批评下属，既要对事，也要对人，这样才能达到预期的效果。

陆明是一家公司的经理。一次，他中午下楼吃饭，看到两个下属正拿着手机玩游戏。公司规定中午有两个小时的休息时间，他建议每位员工都适当休息。下午，他检查下属的工作情况时，发现那两个玩游戏的下属竟然在打瞌睡。于是，他立即召集下属到会议室开了一个短会。在会议上，他说："我现在说的每句话，都是对事不对人。公司给大家提供两个小时的午休时间，大家一定要用来养精蓄锐，这样才能有精神做好下午的工作。"

然而，会议结束后，那两个玩游戏的下属并没有意识到陆明是在提醒他们，每天中午依旧玩游戏。

无论是在生活中还是工作中，一个总是保持中立、不得罪人的老好人，往往会得到他人的青睐和拥护。相反，那些处处得罪人、不尊重人的行为，会让人感到厌烦，没有人愿意与这样的人共事。对管理者来说，也是如此。做一个老好人，处处为下属着想，确实能获得下属的拥护和信任，从而更好地管理团队。因此，管理者往往会避免直接批评下属，以免得罪人。这就导致了管理者常说"对事不对人"这样的话。

但是，这种"对事不对人"的做法，由于缺少明显的指向性，下属改正错误的可能性很小。如果管理者的批评只针对事情而不针对个人，就可能为那些投机取巧的人提供机会，让他们认为自己的错误并不严重，因为许多人都在犯同样的错误，从而不加以改正。犯错的人也不会觉得是在说自己，毕竟没有点名批评，自然不会放在心上。

管理者批评下属时，应该做到对事也对人。这样，批评才能击中要害，产生直接又显著的效果，让下属明白自己的错误，并采取措施改正。同时，这也能让其他下属引以为戒，起到警示作用。

赵翼是某公司采购部的部门经理。一天，他走到办公区门口，耳边传来了闲聊声，而这个时间点本该是下属专心致志工作的时候。他微微皱眉，心生疑惑。

于是，他叫来了一名下属到办公室询问情况。下属有些无奈地回答："王哲总是在大家忙碌的时候找人聊天，虽然有时候我们也挺需要放松一下的，但一直聊天确实会分散我们的注意力，影响工作效率。"

赵翼听后，便找王哲谈话，他严肃地对王哲说："王哲，我希望你能在工作时间内专注于自己的工作，避免与同事闲聊。这样不仅能提高你自己的工作效率，也能让团队整体更加高效。我相信你能做到这点，对吧？"

果然，正如赵翼所预料的那样，没过几天，王哲就改掉了这个习惯。

要想让下属认识到错误并及时改正，管理者在批评时应针对具体事件和相关人员。管理者要勇于"得罪人"，因为过于顾忌团队和谐可能让下属逃避责任。在需要批评时，管理者应直接点名并指出错误，要求改正。虽然这会让下属难堪，但"良药苦口"，深刻的反思能促使他们及时改正。同时，管理者批评时要适度，要维护下属尊严。过度伤害下属尊严可能引发愤怒，阻碍改错。因此，管理者应掌握分寸，适时给予鼓励和肯定，既给下属台阶，又推动问题解决。

除了上述技巧，管理者还可以从以下几点入手，以便更有效地帮助下属认识和改正错误。

1. 明确目标与期望

在批评之前，管理者应该与下属明确工作目标和期望。这样，下属出现偏差时，他们能够更清楚地认识到自己的错误所在。

2. 提供具体指导

批评不仅仅是指出错误，更重要的是帮助下属找到改正的方法。管理者可以提供具体的指导和建议，让下属明确知道应该如何去改进。

3. 关注下属的成长

管理者应该关注下属的个人成长和职业发展，鼓励他们不断学习和进步。下属感受到管理者的关心和支持后，才更有可能积极面对和改正自己的错误。

作为管理者，在批评下属时需要做到既对事又对人，既要直接指出问题所在，又要注意保护下属的尊严和积极性。通过上述方法和技巧，管理者可以更有效地帮助下属认识和改正错误，从而推动团队的持续进步和发展。

3

会议上，
不要轻易否定下属的意见

在公司的会议上，管理者不应只是单方面发言，而应和下属积极互动，鼓励他们提出意见。这样不仅能避免气氛变得尴尬，还能增加下属的参与感，使决策过程更加民主化。并且，在会议上，管理者千万不要轻易否定下属的意见，因为这样做可能会严重打击那些积极提意见的下属。

计道协是一家公司的经理。在一次品牌战略发展会议上，他阐述了自己对公司饮料品牌发展战略的思路，并指出了未来的发展方向。尽管下属们只是坐在下面聆听，计道协还是鼓励他们说："大家也为公司发展提出一些意见吧。"这时，一名下属站起来表达了自己的想法。遗憾的是，计道协不仅否定了这名下属的意见，还直言："想好了再说，别浪费我的时间。"这使得气氛变得紧张，导致没有人再敢发言。

在计道协后来主持的每次会议上，下属都没有再发表过任何意见。

下属参与公司事务，提出自己的意见，这是值得管理者称赞和赏识的。只有让下属积极地参与公司发展，表达自己的看法，才能使公司内部更加团结。要想成功，单靠一个人是不行的，通常需要整个团队的共同努力。当然，下属提出的意见有时可能并不完全正确，甚至存在明显的错误，但公司管理者不应在会议上直接否定下属的意见。这不仅会打击下属的积极性，还可能让他们对发表意见产生畏惧心理。下属在会议上提出意见，本是鼓足勇气，希望得到管理者的认可和鼓励。结果管理者在众人面前批评下属，这无疑狠狠打击了下属的积极性，使他们不愿再发表意见。此外，下属可能会认为管理者不愿意听取他人意见，认为公司所提倡的民主和尊重只是形式，实际并不会采纳下属的意见。这样的环境将使公司今后再难以激发下属提出意见的积极性。

那么，管理者在会议上应该如何对待下属提出的意见呢？

1. 肯定下属的发言，并鼓励其他人向其学习

下属在会议上提出意见，表明他们真心想参与到与管理者的互动中，这种积极的团队沟通氛围是值得管理者表扬的。管理者可以说："感谢你提出的宝贵意见，这是为公司着想，为公司谋划的表现，大家应该向他学习。"这样，管理者对待发言的下属的态度，将激励其他人也参与进来。

2. 委婉地指出下属意见中的不足和错误之处

对于下属意见中的不足，管理者应该以建设性的方式提出。管理者可以说："这个意见总体来说是值得借鉴的，但美中不足的是……"首先肯定下属的意见，然后委婉地提出不足，可以激发下属进一步思考，促使他们不断改进，并在不断改进中取得进步。

3. 适当奖励也是激励下属参与的有效手段

通过给予下属适当的奖励，可以激励更多的下属参与进来，使交流变得更加活跃。只有在一种良好的交流氛围中，团队才能够更好地发展。

总之，管理者在会议上应该采取积极的态度，鼓励下属提出意见，同时通过表扬、委婉地提出建议和适当奖励，来营造一种积极、开放性的会议氛围。这样不仅能够提升团队的凝聚力和创造力，还能够促进公司的长远发展。

4
批评并不是简单地说"你错了"

在企业管理中，恰当的批评不仅能让下属意识到错误，还能引导他们调整方向，促进他们成长。然而，管理者的批评远不只是简单地说一句"你错了"，它需要技巧和策略，以达到更好的效果。

靳梦盛是一家互联网创业公司的经理，公司的主要任务是开发新软件以吸引投资。李涂是团队中的一名程序员。一次，靳经理在检验李涂开发的软件后，直言不讳地告诉他："你编写的软件缺乏市场前景，方向错误，需要立刻改正。"李涂因经理的严厉批评而不敢多问，只能盲目地修改和重新设计，耗费了大量时间才最终得到经理的认可。

批评是管理中不可或缺的一部分，如何进行批评却是一门艺术。正如俗话说："人非圣贤，孰能无过？过而能改，善莫大焉。"管理者应当鼓励下属正视错误，并指导他们改正错误。同时，管理者也应认识到，如果下属是因为方向偏离导致了工作错误，那么管理者的批评和指导就显得尤为重要。

顾雪涛是一家水族店的老板，随着业务的扩展，他决定招收新学徒。在培训过程中，他发现其中一名学徒虽有天赋，却偏离了公司的主流方向。顾雪涛及时指出了这一点，并给出了具体的建议："你的想法很有创意，但我们的目标是满足大众市场，希望你能调整为更符合大众观看的风格，我相信你有这个能力。"这名学徒接受了批评，并迅速调整了自己的设计方向，最终取得了成功。

管理者的批评不应只是简单的指责，而应附上具体的指导和建议。这样的批评才能够帮助下属理解问题所在，并加以改正。

管理者在批评下属时，应注意以下几点。

1. 明确具体，避免模糊

在批评时，管理者应确保自己的言辞具体、清晰。明确指出下属的问题所在，包括具体的行为、结果或态度，避免使用模糊或笼统的措辞。例如，不说"你的工作做得不好"，而说"你提交的项目报告存在几处数据错误，需要核实并修正"。

2. 建设性反馈，提供解决方案

批评不仅仅是指出问题，更重要的是提供解决问题的方法和建议。管理者应给予下属具体的指导，帮助他们找到改进的方向。例如，在指出数据错误后，可以指导下属如何避免类似错误，或者提供培训以提高数据准确性。

3. 尊重个体，保持同理心

在批评过程中，管理者应始终尊重下属的人格和尊严。避免使用侮辱性或贬低性的言辞，以免伤害下属的自尊心。站在下属的角度思考问题，理解他们的感受和需求，以同理心进行沟通，使批评更容易被接受。

4. 鼓励与支持，重建信心

在批评后，管理者应给予下属必要的鼓励和支持，帮助他们重建信心，继续前行。可以肯定下属在其他方面的优点和成就，让他们知道错误只是成长过程中的一部分，不必过分自责。

5. 跟踪进展，持续关注

对下属批评后，管理者应持续关注下属的改进情况，确保问题得到及时解决。可以定期与下属进行沟通，了解他们的进展和困难，并提供必要的支持和帮助。

通过以上方法和策略，管理者可以使批评达到更好的效果。正确的批评不仅能够及时纠正错误，还能增强团队的凝聚力，促进团队的和谐与进步。因此，管理者应不断学习和实践批评的艺术，使其成为推动团队发展的有力工具。

5 有效的"三明治"批评法

三明治由三层组成,上下两层是面包,中间夹着肉类、奶酪和各种配料。这种层次分明的搭配不仅美味,也给食客带来了极大的满足感。在职场中,管理者在批评下属时,如果能够遵循"三明治"批评法——先表扬、再批评、再表扬——就可以让下属更容易接受批评并改正错误。

许西先是一家墙纸生产厂的经理,他的下属崔疆负责公司的销售任务。崔疆的销售业绩一直很好,能够达到公司设定的目标。然而,近几个月来,崔疆销售业绩出现了明显的下滑。许西先与崔疆进行了谈话,了解到了问题的真相:由于崔疆管理过于严苛,销售部门已有多名员工离职,导致人手不足,进而影响了销售业绩。许西先对崔疆说:"你一直以来都很优秀,为公司的业绩做出了巨大贡献,我对你充满信心。这次,我要指出的是,公司的发展依赖于每一位员工的努力,长时间精神的紧绷可能不利于工作。因此,你可以适时地让他们放松一下。我相信你有能力证明自己,再次带领销售部门走向辉煌。"

听到经理的话后,崔疆意识到了自己在管理上存在的问题。接下来,他迅速调整了管理模式,销售额很快得到了提升。

人们在面对好消息和坏消息时,往往会优先选择听好消息。这反映了人们的心理倾向:总是希望先获得快乐,然后再面对不愉快的事情。管理者在批评下属时,也可以采用类似的策略。首先表达对下属的认可,让下属感到开心和放松;然后提出批评,这样下属更容易接受;最后再次给予认可，在良好的氛围中结束对话，可以让下属保持积极状态和信心。

管理者若直接批评下属，下属可能会感到不知所措，难以接受，这对他们来说是一种打击。下属可能会产生较大情绪波动，感到苦恼和失落，需要很长时间来调整，甚至可能长时间都无法调整过来。这不仅会影响管理者与下属的关系，还会影响下属的工作表现，从而给公司带来不必要的损失。

管理者采用有效的"三明治"批评法，可以使下属的情绪波动较小，不会因为情绪波动过大而影响工作。在伤害代价最小的情况下，让下属接受批评并及时改正，对管理者而言，这是一种策略上的胜利。

"三明治"批评法的最大好处在于，谈话的开始和结束都是以表扬的形式进行的。这样，无论是开始还是结束，下属都能感受到来自管理者的信任和认可。下属会明白，管理者的批评是出于对他们的期望和关心，而不是单纯的指责。这样，下属不仅愿意接受批评，还会积极地改正，努力在短时间内提升自己，让管理者看到他们的进步。

那么，作为管理者，在批评下属时，应该如何运用"三明治"批评法呢？

1. 先对下属进行表扬

为了消除下属对即将听到的批评的不良反应，管理者可以先表扬下属的能力和成就。例如，管理者可以表扬下属过去取得了哪些成绩，如何通过努力完成了自己交代的任务。这样，下属会感到放松，感受到管理者是在充分地肯定自己，感受到公司需要像他这样的人才。

2. 顺势针对具体问题对下属进行批评

下属感受到来自管理者的信任和认可后，管理者顺势提出批评的具体内容，但要避免含糊不清，没有重点。如果表述不清，下属对批评的内容就会感到困惑，不知道自己具体错在哪里，应该重点改正哪些问题，那么管理者的批评就失去了意义。此外，在批评时，管理者还需要注意方法，比如采用暗示法进行批评。例如，如果下属迟到了，管理者可以问："现在几点了？"或者采用说服式批评。比如，下属犯了不严谨的错误时，管理者可以说："如果我不严谨，忘记给你发工资，你会怎么做？"这些实用的批评方法，管理者应该学会运用。

3. 再次对下属进行表扬

下属因为听到批评而情绪低落，管理者应该再次表扬他们。比如可以说："你已经获得了国家级的进步奖，肯定能够完成这个简单的工程。"通过再次夸奖下属，他们可以从情绪低落中走出来，心情逐渐变好，对自己也会越来越充满信心。

表扬、批评、再表扬的方式，不仅能够提高管理者与下属之间的沟通效果，还能够提高团队的凝聚力和工作效率，为公司的长远发展奠定坚实的基础。

6

在批评员工前，
不妨先反省自己

"金无足赤，人无完人。"这句话道出了一个普遍的道理：每个人都有缺点。然而，通过不懈的努力，优秀的人能够克服自己的缺点。管理者在批评下属之前，也应该先进行自我反省，思考自己是否也存在同样的问题，或者是不是因为自己的决策失误而导致下属犯错。

黄杰是一家饭店的经理，在这家饭店工作了10年。他通过自己的不懈努力，从最初的洗碗、扫地、端菜的服务生，做到了经理。最近，饭店新招了一批服务生，其中一个服务生在给顾客上菜时，由于对菜品不熟悉，不小心上错了菜。这位顾客非常难缠，不依不饶，最终将问题反映给了经理。幸运的是，黄杰经验丰富，很快就平息了这场风波。然而，黄杰非常生气，直接批评下属说："你是干什么吃的，连这点工作都做不好，还是大学生，丢不丢人。"下属立刻反问："你刚毕业工作时，第一份工作就能做得很好吗？"黄杰一时语塞。

最后，黄杰冷静下来，意识到自己的行为确实有些过激，于是诚恳地向下属道歉。

曾子曾说："吾日三省吾身。"意思是曾子每天都会多次反省自己。圣人尚且如此，作为普通人，我们更应该反省自己。反省可以帮助我们认识到自己的错误，明白自己哪里做得好，哪里做得不好。尤其作为管理者，在批评下属时，更应该思考自己是否做得足够好，是否有理由去批评下属。

管理者如果没有意识到自己在某些方面也做得不好，就一味地批评下属，下属可能会认为管理者是在"只许州官放火，不许百姓点灯"。下属不仅不会改正错误，反而可能会因此看不起管理者，甚至鄙视管理者滥用职权，压迫下属。

如果管理者在批评下属前不进行自我反省，可能找不到有效的方法来解决问题，以防止类似问题再次发生。因此在批评下属前，管理者应该先反省自己，再思考如何处理，采用什么方法，制定什么制度来防止下属再次犯错。仅仅批评下属，即使当时下属可能意识到了自己的错误，但过一段时间后，他们可能会忘记，不久之后可能会再次犯同样的错误。而且，有时候下属犯错可能是管理者的决策失误导致的。

郭雪是一家洗衣液公司的经理。由于新产品的口碑不佳，消费者投诉颇多，但郭雪盲目自信，认为产品非常好，于是让生产车间日夜不停地生产。结果，销售部门无法将产品销售出去，导致大量产品积压在仓库中。郭雪非常生气，批评销售部门的主管说："你是怎么管理销售部的？都几个月了，就卖出这么一点？"销售部主管认为郭雪不明是非，算不上是好管理者，于是辞职不干了。

管理者不反省自己，只是将责任推给下属，这是极不负责任的表现，这样的管理者肯定得不到下属的认可，也无法管理好整个团队。只有在批评下属前进行自我反省，管理者才能做出正确的判断，提出合理的批评，让下属信服。那么，管理者应该如何反省自己呢？

1. 在下属没做好的这一方面，自己是否做得很好

只有管理者以身作则，表现出色时，对下属的批评才更具说服力，下属才会心悦诚服地接受，而不会对管理者产生埋怨。

2. 思考导致下属犯错的具体原因

下属犯错可能是由于公司制度存在漏洞、管理者自身的指导不当，或者是下属个人的失误。如果是公司制度的问题，应及时进行调整和完善；如果是管理者自身的问题，则应公开承认指挥失误，并向下属诚恳道歉。

3. 有担当，勇于承担责任

管理者要能够自我反省，总结自身哪些方面的不足可能导致下属犯错，并思考如何改进和提升自己的能力。管理者的自我反省不仅会增强自身的管理能力，还会激励下属以管理者为榜样，努力提升自己。

通过自我反省和不断提高，管理者可以更好地管理团队，赢得下属的认可和尊重，从而推动团队的发展和进步。

7

对心怀抵触的下属，先要满足其被认可欲

在管理者与下属的沟通过程中，难免会出现一些矛盾，或者是相互不够理解，导致下属对管理者产生抵触心理。这种心理会使下属对与管理者的交流感到厌烦，从而不能全心地执行管理者的命令，甚至故意拖延命令的执行时间。面对这样的下属，管理者首先需要满足其被认可的欲望，然后才能有效说服下属。

许玫创建了一家玩具公司，李浩担任这家公司的销售经理。最近，公司玩具的销量迅速减少，公司立刻成立了应对小组。李浩作为这个小组的负责人，经过与大家反复商量和讨论后，制定出了降低价格、薄利多销的应对策略。然而，这一策略遭到了许玫的反对。她对李浩说："你这个策略是行不通的，对公司来说风险很大。我决定暂时减少生产量，其中几款暂停销售。你按照我的命令执行吧。"

离开办公室后，李浩非常不理解为什么自己的努力遭到了管理者的无情否决。他故意将这个命令延迟执行了一个星期。之后，他对管理者做出的任何决定都很抵触。

被认可是每个人都需要的。每个人都希望自己被认可，让自己成为主角，让别人都按照自己的想法去做。管理者满足了下属的被认可欲，下属就会非常感激，这是管理者对下属最大的表扬。得到认可后，下属就会更加亲近管理者，这样下属与管理者的关系就会变得更好，交流也会更加顺

畅。相反，如果管理者不能满足下属的被认可欲，下属就会对管理者产生抵触心理。让下属产生抵触心理的原因有很多，其中最主要的有以下几种。

第一，管理者对下属不公。

人往往会有偏心的倾向，会喜欢一些人，不喜欢其他人。管理者也不例外，可能会偏爱某个员工，而不喜欢另一个员工。在做决定时，管理者如果总是偏向自己喜欢的下属，就会对那些自己不喜欢的下属不公平。这种不公平的对待就会导致下属对管理者产生抵触心理。

第二，管理者不近人情。

俗话说："规矩是死的，人是活的。"在遇到具体事情时，管理者不能总是严格按照公司的制度来处理。如果下属犯了一点小错误，就遭受严厉的惩罚，这样就显得管理者有点不近人情。作为管理者，应该有体谅下属的心。否则，下属就会抵触管理者。

第三，公司的制度不合时宜。

公司的制度大多是公司管理者在很久以前制定的，随着时间的推移，有些制度已经不适应当前的情况了，但公司没有及时做出调整和改变。例如，公司的奖励制度，几百块钱在几年前可能还有一定的吸引力，但经过几年时间，已经没有什么吸引力了。如果公司的制度不能随着时间的变化而不断调整，就会引起下属的不满，进而对管理者产生抵触心理。

第四，管理者不给下属面子。

某个下属犯了错误，管理者在开会时当着其他下属的面严厉批评他，不给他留一点面子，他就会因此记恨管理者，抵触管理者。

下属对管理者的抵触会导致消极情绪在整个团队中蔓延，造成团队不和谐的局面。团队成员之间不能很好地交流，管理者得不到好的建议和方案，许多方案在执行过程中也会遇到困难，给公司带来损失。

满足下属的被认可欲，下属就会尊重管理者，愿意与管理者进行沟通和交流。如此，管理者就能根据具体情况做出合理的决策，这样下属也就会信服了。那么，怎样才能满足下属的被认可欲呢？管理者可以参考以下几点。

1. 赏罚分明，公平对待每一位下属

人人平等，谁都没有特权。管理者做到赏罚分明，才能得到下属的认可。如果赏罚不明，就会招致下属的不满，甚至抵触。

2. 及时调整公司的不合理制度

社会在不断变化，员工也在不断更替。公司的制度应该相应地进行调整，以满足公司发展的需要，并让下属感到管理者对他们的重视。

3. 给予下属一定的支持和理解

在公司，经常会出现这样的情况：一些下属能力很强，但在做很多事情时总是被管理者阻止。例如，管理者的想法与下属不同，而下属也有自己的理由，并且也是有利于公司的。在这种情况下，管理者应该肯定下属的想法，并支持下属去实施。如果下属成功了，他们会感谢管理者的支持。

4. 发现下属抵触管理者时，要及时沟通

发现下属有抵制自己的行为时，管理者要重视起来，主动找到下属，询问清楚原因，并及时解决问题。这样，下属被认可的欲望才能得到满足，从而信任管理者。

总之，管理者应该充分认识到满足下属被认可欲的重要性，从而改善与下属的关系。

8
严厉批评下属后，要适当安慰和鼓励

在公司的日常运营中，管理者与下属之间的交流至关重要。下属犯了严重错误，对公司造成负面影响和重大损失时，管理者不得不对其进行严厉批评，以促使下属深刻认识到自己的过失。但是受到严厉批评之后，下属往往会承受巨大的心理压力。此时，管理者若能用安慰或鼓励的话语作为结束，下属将更容易接受批评并积极改正。

姜峰是某建材公司的经理。一天，他正在办公室工作，秘书突然跑来报告："不好了经理，有两个同事打起来了，您快去看看吧。"姜峰立刻起身，迅速走向下属办公区。到达现场后，他大声喊道："都给我住手！公司是上班的地方，在公司打架像什么话？"在两个下属停止争斗后，姜峰将他们叫到办公室，进行了严厉的批评。

结果，其中一个下属因无法忍受同事和管理者的双重压力，选择了辞职。

下属在犯错后受到惩罚是理所当然的，也应该接受管理者的批评并改正错误。但是，如果管理者只是一味严厉批评而不给予下属适当的安慰和鼓励，就可能产生一系列的麻烦。其中最主要的有以下几种。

第一，下属对管理者产生敌对心理。

下属在受到严厉批评后，如果未得到管理者的适当安慰和鼓励，可能会对管理者产生恨意，认为管理者过于严厉，缺乏人情味。这样，管理者就会在无意中给自己树立一个"敌人"形象。敌对的下属可能会向其他同事诉说自己的委屈和管理者的不足。有言："夫市之无虎也明矣,然而三人言而成虎。"说的人多了,大家也就信了。这对管理者的名声和领导力将产生严重影响,管理者会逐渐失去威信,下属不再听从管理者的意见和建议,这不利于团队的健康发展。

第二,下属情绪低落,影响工作。

面对全盘否定的批评,下属内心会感到失落,情绪低落,工作态度变得消极,工作效率降低,甚至可能错误频发,连简单的日常工作都难以完成。这样,管理者的批评就失去了意义。原本希望通过批评促使下属改正错误,变得更好,结果却适得其反。

在严厉批评下属后,如果管理者能用安慰或鼓励的话语作为结尾,情况会大不一样。

首先,会让下属感到欣慰。下属会意识到自己犯了错误,理应受到批评。管理者的安慰和鼓励能让下属感受到管理者的关心,这种心理上的慰藉更能温暖下属的心。

其次,感受到管理者的关怀后,下属会逐渐接受管理者的批评。他们会理解管理者的批评是出于职责,也是必要的。这使下属能站在管理者的角度考虑问题,从而改善双方的关系,增进相互支持和信任。

最后,在相互理解的基础上,下属会感激管理者的关心,及时改正错误,并努力取得成绩,让自己不负管理者的鼓励和信任。

管理者如何安慰和鼓励下属,可以参考以下几个方面。

1. 赞美下属的能力

下属被严厉批评后,可能会对自己的能力失去信心。这时,管理者需要赞美下属的能力,帮助他们重拾自信。管理者可以提及下属过去取得的成绩,以及他们如何克服困难,逐步完成任务。回顾下属的能力和成就,有助于他们重建自信。

2. 淡化下属所犯的错误

严厉的批评可能会让下属觉得自己的错误非常严重。管理者可以说:"虽然你犯的错误看似严重,但对你这样能力强的人来说,它不过是微不足道的小问题。相信你一定能迅速改正。"通过这种方式,让下属意识到自己能够克服困难,改正错误。

3. 鼓励下属放下思想包袱

即使有了管理者的安慰和鼓励,下属可能仍会心存疑虑。管理者可以鼓励他们:"你可能会有些思想负担,但没有压力就没有动力。将这些负担转化为前进的动力,你会越来越成功。"经过管理者的这些努力,相信下属基本上可以放下心理包袱,轻装上阵。

管理者在批评下属时,应注意方法和策略,既要让下属认识到错误,也要给予他们改过自新的机会和信心,从而有效地帮助下属走出困境,激发他们的工作潜力。

第五章

鼓舞士气，肯定和赞美不能少！

1

常对下属说"你的工作很重要"

表扬和鼓励下属是对他们能力的认可,这至关重要。对于下属来说,没有什么比得到管理者的肯定更能激励他们了。因此,管理者应经常肯定下属,如说"你的工作很重要",以此激励下属,使他们更加投入和认真对待自己的工作。

林磊是一名普通的电焊工,在一家钢结构公司工作。一次,由于工作疏忽,他焊接的钢板精度未达到标准。总工程师在检查中发现了这个问题,立即严厉地批评了林磊,甚至说:"这么简单的工作都做不好,下次再出错就走人!反正这工作不重要,随便找个人都能干。"这时,厂长走过来对林磊说:"小伙子,你要认真对待你的工作。你的工作关系到一栋大楼的安全,一个小小的失误都可能导致整个工程的失败,甚至引发事故。"这番话深深触动了林磊。

从那以后,林磊刻苦学习电焊技术,严格要求自己,终于成为车间里一名优秀的电焊工。

管理者在与下属交流时,应该学会鼓励他们,肯定他们工作的重要性。这样,下属才能意识到自己的价值,积极行动,最终取得成功。

管理者说出"你的工作很重要"时,下属会立刻感到自己的重要性,意识到自己是公司的重要贡献者。下属觉得自己的工作重复且无技术含量而渐渐松懈时,管理者的肯定就显得尤为重要。管理者积极表达出下属工作的重要性,下属就会感到自己的工作有价值,能为公司创造财富。

此外,每个下属都希望得到管理者对自己能力的认可,实现晋升的愿望。管理者说"你做的工作很重要",就是在告诉下属,只要他们努力工作并取得成功,就能证明自己的实力,得到管理者的提拔。这对下属的激励是巨大的,他们会更努力工作。

作为管理者,如何让下属真切地感受到自己工作的重要性呢?可以参照以下几点。

1. 经常与下属沟通并倾听他们的想法

有些下属可能因为能力强而快速完成工作,但也可能因此认为自己的工作不重要。管理者应定期与他们交流,了解他们对岗位的看法,从而准确把握他们认为工作不重要的原因。

2. 向下属解释他们担任该职位的原因,并强调工作的重要性

下属往往只能看到工作表面,难以深入理解管理者的意图。例如,管理者可能希望通过让员工从事基层工作来培养其管理能力。对于能力强的下属来说,他们可能认为自己的基层工作不重要。这时,管理者可以向下属说明自己的想法,让下属明白自己的用意,并认识到该工作的重要性。

3. 表达对下属的欣赏之情

每个员工都渴望得到赞美。因此,管理者不应吝啬赞美。直接表达对下属的欣赏有时比物质奖励更能激发下属的热情,更能让他们感受到自己在管理者心目中的重要地位。

作为管理者,要想积极开发下属的潜力,就需要不断给予鼓励,激发他们的潜力,从而使整个团队和公司受益。

2 当众赞美下属要谨慎

"干得不错,有你这样的下属,我还有什么办不成的。"这样的赞美,如果管理者当众说出来,下属听了自然会非常高兴。

管理者公开赞美下属有以下三个好处:

第一,提升下属的自我价值感。

在公司中,每个人都有自己的岗位,做着不同的工作。有的人认为自己的工作技术含量高,比较重要;而那些做基础工作的人可能会觉得自己没那么重要。管理者的公开赞美,可以让下属认识到自己的岗位是重要的、有价值的。

第二,满足下属的荣誉感和成就感。

对于下属来说,除了物质奖励,精神上的夸奖同样重要。

第三,消除管理者与下属间的矛盾。

在长期的相处和交流中,管理者和下属之间难免会产生矛盾。管理者的公开赞美可以让下属感受到管理者的胸怀,不会因为矛盾而产生偏见。这有助于化解矛盾,促进管理者与下属之间形成良好关系。

然而,公开赞美下属也可能产生负面影响,管理者在公开赞美下属时需谨慎。

孙强是一家公司的销售经理,他为每个下属分配了月度销售任务。下属按照自己的目标努力工作。到了月末的总结大会上,孙强仔细查看了每个人的销售业绩。他发现其中一个下属超额完成了任务,于是在众人面前用夸张的言辞赞美了这位下属。其他下属对此十分不屑。

会后，下属开始议论纷纷："经理也太夸张了吧，不就是这次超额完成了任务。有什么了不起的。"大家开始疏远那位超额完成任务的员工，甚至故意针对他。

每件事情都有两面性，好事做过了头，也可能变成坏事。而且，如果管理者夸张地赞美下属，下属可能会变得自傲，认为自己无所不能，开始看不起其他同事。这自然会产生矛盾，导致团队内部不和谐，最终团队失去凝聚力。

管理者在公开赞美下属时，应注意以下几点。

1. 事先多方面了解下属

需要公开赞美下属时，管理者应从多方面了解这名下属，比如从同事和其他管理者那里了解情况，确保所赞美的下属确实优秀，所赞美的事情属实。这样，公开赞美才能让每个人信服，避免团队内部产生不满和不和谐。

2. 赞美要适度，避免夸大

在夸奖时，管理者要注意自己的言辞，避免夸大。一旦言辞过头，下属可能会认为这是吹捧而非赞美，被赞美的人可能会被推到风口浪尖，其他同事可能会议论管理者和这名下属之间的关系，产生不必要的误解。

3. 赞美那些努力但并不突出的人

在公司这个大家庭里，更多的是默默耕耘，平凡又不可或缺的下属。他们勤勤恳恳，一直在背后默默支撑着公司的正常运营和发展。因此，管理者应该选择一些有代表性的普通下属进行公开赞美。这样可以让公司中的大多数下属感受到管理者的关注和重视，有利于公司团队凝聚力的增强和企业文化理念的深化。在健康的企业文化环境中，大家往往能理性看待他人的成就。

　　管理者在公开赞美下属时需要谨慎，既要肯定下属的努力和成就，又要避免产生负面影响，以维护团队的和谐与团结。通过恰当的公开赞美，管理者可以激励下属，增强团队凝聚力，推动公司的发展。

3 时刻关注员工的成绩，及时给予肯定

在职场中，管理者及时肯定员工的成绩，不仅能激发员工的工作热情，还能增强团队的凝聚力。面对员工取得的成绩，管理者可以说："你能这么快就取得这样的成绩，真是值得肯定的，继续加油。"这不仅是对员工个人努力的认可，也是对团队精神的鼓励。

孙江海是一家服装制造厂的厂长。随着人们对衣物的重量和保暖性能的越发关注，孙厂长为了响应市场需求，迅速召开会议，要求研究部门加快对轻薄保暖材料的研究。研究部迅速行动起来。

经过数月的辛勤研究，宋强取得了显著成果。他满心期待能得到管理者的认可和赞赏。然而，厂长迟迟未有反应。宋强感到失望，开始怀疑自己的成果是否被重视。一个多月后，尽管厂长最终给予了宋强肯定，但他的热情已大不如前。

管理者日常事务繁忙，可能会忽略一些事项，这是可以理解的。但是，忘记肯定员工的成就或不能及时给予认可，可能会引发一系列问题。

首先，如果管理者不能及时关注并肯定员工的成绩，员工可能会产生自我怀疑。他们可能会思考自己是否做得不够好，是否无法满足管理者的期望。这种不自信可能会导致员工在工作中缺乏信心，影响他们的工作表现，从而影响公司的整体利益。

其次，管理者的不及时肯定可能会导致员工对管理者产生不满。员工

在工作中的良性竞争可以激发他们的创新性和创造力，但如果他们觉得自己的成绩没有得到应有的认可，可能会认为管理者对待不公，从而影响团队的和谐。

王纪元是一家公司销售部的经理。某日，一名员工忧心忡忡地走进了他的办公室。那名员工深吸了一口气，鼓起勇气说："经理，我想辞职。"王纪元抬头，目光中流露出关切："为什么想要辞职呢？"员工叹了口气，坦言道："我已经连续好几个月没能完成销售任务了，我觉得自己可能并不适合这份工作，所以我打算换一个环境试试。"王纪元听后，沉思片刻，然后温和地说："你先别急着做决定。我注意到，虽然你这几个月来没有完成规定的销售业绩，但你的销售业绩是在逐月上升的。这说明你具备一定的销售能力。再给自己一次机会，或许会有不同的结果。"在接下来的一个月里，这名员工在王纪元的鼓励下，进步很快，业绩越来越好。王纪元看在眼里，喜在心头，他及时给予员工肯定和鼓励，帮助员工重新建立了信心。

随着时间的推移，这名员工越战越勇，经过三个月的不懈努力，他不仅能够完成每月的销售任务，还能超额完成。他的成功不仅为自己赢得了尊重，也为整个销售部带来了更多的活力。

管理者的肯定对员工而言，是一种无形的激励。它能够让员工感受到自己的努力被看见和被认可，这是激发他们继续前进的动力。在员工面临挑战或感到迷茫时，管理者的一句肯定，往往成为他们重拾信心的关键。

管理者对员工的成就给予肯定，能让员工感受到管理者的关心和认可，从而更加尊敬和支持管理者。这有助于管理者更好地管理团队，构建一个积极向上的工作环境。

为了更有效地实现这一目标，提供以下具体的建议。

1. 建立反馈机制

确保有一个有效的反馈系统，让员工知道他们的工作是如何被评价的，以及他们的表现如何影响团队和公司。这个机制应该是透明的，确保每位员工都能及时了解自己的工作表现和进步空间。

2. 定期评估

定期进行员工绩效评估，不仅关注结果，也关注过程中的努力和创新。这种评估应该包括自我评估和同事评价，以获得全面的反馈。

3. 个性化认可

了解每位员工的特点和需求，给予个性化的认可和鼓励。这可以通过一对一的会谈，了解员工的职业目标和个人兴趣，然后根据这些信息来制定激励措施。

4. 公开表扬

在团队会议或公司范围内公开表扬优秀员工，以激励其他员工。这种公开的认可不仅能够提升被表扬者的积极性，也能为其他员工树立榜样。

5. 营造公平的工作环境

确保所有员工都有平等的机会展示自己的能力，并得到公正的评价。这包括无论员工的背景或职位如何，都给予相同的资源、机会和支持。

通过这些方法，管理者可以更有效地关注并肯定员工的成就，这种积极的工作氛围和企业文化，最终将成为公司的竞争优势和成功的关键因素。

4
对业绩差的下属，先认可再找原因

面对业绩不佳的下属，管理者的应对策略至关重要。是怒火中烧、严词相向，还是冷静下来，与下属进行深入交流？此时下属的焦虑和压力不比管理者小，在这种情况下，批评不仅无益于解决问题，反而可能引发敌对的情况。管理者的首要任务是帮助下属找到问题的根源，并共同寻求解决方案。

王楠是一家商场珠宝销售部门的经理。她注意到，团队中的小薇已经连续两个月业绩不达标了。尽管王楠内心焦急，但她没有立即批评小薇，而是选择了一种更为理解和支持的方式。她从小薇的面试开始聊起，肯定了小薇的细心、礼貌以及在工作中的努力和用心。

接着，王楠询问小薇对客户不购买的原因有何看法。小薇带着抱怨的语气说："有一个客户非常有意向购买，还加了微信，我经常与他联系，发送各种首饰活动、特价和新款信息。但后来客户选择了去别的地方购买，这让我非常困惑，不知道自己做错了什么。"

王楠耐心地向小薇解释了微信联系客户的一些技巧，并询问她是否经常发送关于首饰的促销信息。小薇点头确认后，王楠指出："频繁发送促销信息可能会让客户感觉你只是为了销售而联系他们，显得过于功利，容易引起客户的反感。"

两人的谈话持续了一个多小时。谈话结束时，小薇感激地说："经理，我以前以为只要站在柜台前向客户介绍产品就足够了，没想到其中还有这么多的技巧。我回去会好好反省和总结，争取下个月能够有所突破！"

下属因为业绩不佳而被管理者叫去谈话时，他们的内心往往是忐忑不安的。如果管理者在此时发怒，只会让下属更加紧张，甚至不敢表达自己的想法。即便管理者接下来提出的是工作技巧和建议，下属也可能因为情绪紧张而无法领会。

有效的沟通需要建立在良好的沟通氛围之上。肯定下属，是建立良好沟通氛围的第一步。让下属感受到被尊重，他们才会愿意与管理者一起讨论问题，总结经验，并愉快地接受建议。

下属业绩不佳的原因可能有很多，包括个人能力、工作态度、身体状况、家庭状况，以及其他个人因素。此外，团队环境和同事间的配合也会影响工作成果。具体来说，常见的原因包括以下几点。

1. 个人能力不足

下属可能无法跟上市场快速变化的节奏。在当今快速发展的市场中，即便是经验丰富的下属，如果不能持续学习，更新自己的专业技能，也可能会被淘汰。因此，管理者需要定期组织下属参加技能培训，帮助他们提升个人能力。

2. 工作态度问题

有时下属在一段时间内表现出色，但突然业绩下滑或工作出错。这通常是因为下属遇到了某些问题，可能是家庭事务或考虑跳槽等个人问题，导致心态和工作态度发生了变化。管理者需要及时了解下属的情况，帮助他们解开心结，恢复正常的工作效率。

3. 事业低谷期

每个人都可能遇到事业的低谷期，尤其是长期在岗的下属，不可能始终保持在事业的巅峰状态。在这种情况下，管理者需要给予下属足够的耐心，相信他们能够走出低谷。管理者不应因为一时的业绩低迷就对下属进行严厉批评或直接解雇下属，这样不仅会损失宝贵的人才，还可能影响团队的士气。

在任何团队中，业绩不佳都是不可避免的现象。作为团队的管理者，帮助下属解决问题是确保团队持续发展的关键。

面对业绩不佳的下属，管理者需要采取理解和支持的态度。通过认可下属的努力，分析问题的原因，并提供具体的帮助和指导等方式，管理者不仅能帮助下属改善业绩，还能增强团队的凝聚力和整体表现。这种以人为本的管理方式将有助于构建一个更和谐、高效的工作团队。

5
夸奖年长下属用"怎么才能像您一样"

在职场中，年长的下属往往拥有丰富的经验和深厚的资历，他们的贡献和影响力不容忽视。作为管理者，如何恰当地赞美和激励这一群体，是一门需要精心研究的艺术。

孙斌最近晋升为公司经理，满怀激情地想要展现自己的能力。在一次巡视中，他注意到组装部的一名年长下属工作态度有些怠慢。孙斌没有直接指责，而是拿起一件他完成的产品，赞叹道："哇，您的工艺真是精湛，我如何才能达到您的水平呢？"年长的下属听后微笑回应："这是我多年的经验积累，已经相当熟练了。"孙斌的赞美让这名下属重新焕发了工作的热情，他的工作态度有了明显的转变。

年长下属在公司中拥有广泛的人脉和良好的同事关系，他们的支持对管理者来说至关重要。如果能够赢得这些下属的信任和支持，那么管理其他下属也会变得更加容易。然而，管理者有时也可能因为年长下属的资历而难以管理他们。他们还可能会联合一部分下属对管理者的决策提出反对意见。在这种情况下，管理者不能简单地用权威去压制，这会导致团队关系紧张，不利于团队的团结和协作。

如果管理者能采用"怎么才能像您一样"这样的表达方式，给予他们尊重和认可的话，那么，年长下属就会感到被重视和被尊敬，从而更愿意接受管理者的指导和建议。管理者展现出真诚的态度，表示愿意向年长下属学习，下属也会更愿意放下自己的资历，与管理者建立良好的合作关系。

此外，赞美年长下属还能够激励团队的整体进步。其他员工看到管理者都在向年长员工学习，就会感受到一种积极向上的动力，从而更加努力工作。团队中的每个人都在不断进步，整个团队就会不断向前发展。

在赞美年长下属时，管理者需要注意以下几点。

1. 真诚与认可

赞美应当发自内心，流露出真挚的情感。管理者对年长下属表达赞许时，这份真诚能够让下属深切感受到自己的努力和付出得到了应有的尊重和认可，能够激发下属的工作热情和创造力。

2. 具体与有根据

空洞的夸奖往往显得敷衍和虚伪，而具体的、有实例支撑的赞美则能让人信服。管理者在赞扬年长下属时，应当明确指出他们在哪些具体工作、项目或决策中展现出了卓越的能力。这样的赞美不仅能让被赞扬的下属感到由衷的自豪和满足，同时也能为团队中的其他成员树立明确的榜样。

3. 适度与公平

虽然赞美能够激励人心，但过度的赞美可能会适得其反，让人感觉到不真实，甚至产生抵触情绪。因此，管理者在给予年长下属赞美时，必须掌握好火候，既要充分表达出对下属工作的认可和尊重，又要避免让团队其他成员产生不公平感。

通过恰当的赞美和激励，管理者不仅能够赢得年长下属的支持和合作，还能够激发整个团队的活力和创造力。这有助于构建一个和谐、高效的工作环境，推动团队不断向前发展。

激起员工的优越感，激发工作干劲

在职场中，优越感是一种复杂的情感，它既能激发个人的自信，也可能成为阻碍团队协作的障碍。作为管理者，如何巧妙地利用员工的优越感，以激发他们的工作热情呢？

张兰是一家软件开发公司的经理。公司经过十多年的发展，已经取得了相当不错的成绩。然而，最近一年，随着一家竞争对手的崛起，公司感受到了前所未有的压力。

这家竞争对手已经启动了新软件的研发，张兰所在的公司自然也不能落后。面对竞争对手的挑战，研发部的员工士气低落，失去了昔日的优越感和斗志。为了提振团队的士气，张兰召开了动员大会。

在会议上，张兰说："请大家看看我们与竞争对手数据的对比。我们的研发团队平均每三个小时可以完成一万行代码的编写，而我们的竞争对手只能完成六千行。此外，我们的代码漏洞率也比他们低3%。这说明我们比他们优秀很多。请大家重新找回自己的优越感，我们是有能力打败他们的。大家加油！"

这次动员大会取得了显著的效果。员工意识到对手并非不可战胜，于是，重新找回了自己的优越感。团队士气高涨，最终击败竞争对手，夺回了市场。

优越感能够让人产生自信，甚至在与对手的竞争中取得气势上的优势。

在竞争中,拥有气势的一方往往能够战胜气势不足的对手。

然而,优越感也是一把双刃剑。它能够让优秀的员工更加自信,也可能让一些员工产生自满和停滞不前的心态。在激发员工的优越感方面,管理者需要注意以下几点。

1. 在员工情绪低落时激发其优越感

员工在完成任务的过程中遇到困难,情绪低落时,管理者应该及时激发他们的优越感,帮助他们重新燃起斗志,摆脱困境。

2. 重点关注能力较弱的员工

相对于那些表现优秀的员工,能力较弱的员工更需要得到管理者的关注和鼓励。管理者应该通过肯定他们的成绩,让他们感受到自己的价值,从而激发他们的斗志。

3. 防止自傲型员工产生过度优越感

对于那些容易自傲的员工,管理者应该谨慎对待。过度的优越感可能导致他们看不起其他同事,从而影响团队的团结和协作。

作为管理者,应该学会正确运用优越感的力量,既要激发员工的自信和斗志,又要防止过度的优越感带来的负面影响。通过平衡和引导,将优越感转化为推动团队发展的强大动力。

7

激发好胜心，
让下属斗志高昂

在职场这片充满竞争的战场上，好胜心是一股潜藏于每个人内心深处的力量。它激发了无数人敢于拼搏、敢于挑战的斗志，助力他们攀登人生的高峰。对于管理者而言，巧妙地激发下属的好胜心，是推动团队向着更高目标前进的关键。

孙建国是一家知名化妆品公司的销售经理。公司近期的销售业绩虽有所提升，但孙建国知道，要想在激烈的市场竞争中站稳脚跟，就必须让团队的好胜心更加强烈。他决定采取一些措施，激发销售团队的斗志，让业绩更上一层楼。

在一次团队会议上，孙建国说："各位，上个月的销售成绩值得肯定，但与我设定的目标还有不小差距。我曾设立了销售100万元奖励5万元的激励机制，但似乎大家都没有足够的信心去挑战。"他的话语中带着一丝挑衅，但也正是这种挑衅激发了团队的斗志。"经理，我能做到！"销售团队的成员纷纷举手，信心满满。

会后，整个销售团队像是被注入了新的活力，他们开始更加努力地工作，甚至主动加班。一个月后，团队中的一名成员成功达到了销售目标，赢得了奖金。

好胜心是推动个人不断向前发展的动力，没有它，就缺乏不断进取的决心，也就很难取得成功。

拥有好胜心，意味着拥有自信和勇气。在一次团队交流中，一名下属曾说："管理者给了我和另一名同事一个设计任务，要我们竞争，看谁的设计更优秀。我感觉自己各方面都不如对手，怎么可能赢呢？"这正是缺乏好胜心的体现。没有好胜心的人，往往不相信自己能够战胜对手，缺乏接受挑战的勇气。而管理者的任务，就是要激发下属的这种斗志，让他们找回自信，敢于接受挑战，即使对手强大也不畏惧。

为了激发下属的好胜心，管理者可以采取以下几种策略。

1. 适度挑战下属的能力

管理者可以通过适度挑战下属的能力极限，来激发他们的潜在动力和进取心。这种策略的核心在于，为下属设定既不过于超出其能力范围又能引发其求胜欲望的目标。例如，可以为团队成员分配一些稍有难度的项目，让他们在完成过程中感受到挑战与成就感。这样，下属在追求目标的过程中，自然会产生一种"我能行"的信念，迸发出强烈的好胜心和斗志。不过，管理者在运用这一策略时，必须谨慎行事，以免过度施压对下属的自信心造成不必要的伤害。适度的挑战应该是激励人心的，而不是让人感到沮丧和挫败。

2. 给予下属丰厚的奖励

"重赏之下，必有勇夫。"管理者可以通过设置丰厚的奖励来激发下属的好胜心和积极性。这些奖励可以是物质上的，如加薪、奖金或晋升机会；也可以是精神上的，如公开表彰、颁发荣誉证书等。下属看到自己的努力能够得到实实在在的回报时，他们自然会全力以赴，争取更好的表现。

3. 促进下属间的良性竞争

管理者在分配任务时，可以有意识地让能力相近的下属承担相似的工作，从而在他们之间形成一种良性的竞争氛围。这种竞争不仅能够激发下属的好胜心，还能促使他们在相互比较中不断进步。例如，可以设立一些团队内部的竞赛活动，让下属在争夺优胜的过程中，充分展现自己的才能和实力。同时，管理者也要密切关注竞争过程中的动态，确保竞争保持在良性范围内，避免出现恶意竞争或团队分裂的情况。通过巧妙引导和适时干预，管理者可以将下属间的好胜心转化为团队发展的强大动力。

通过以上策略，管理者可以有效地激发团队的好胜心，让下属都充满斗志，不断拼搏，推动团队向着更高的目标前进。同时，管理者也需要注意平衡，避免过度的好胜心导致团队内部的不和谐。

总之，好胜心是一把双刃剑。用得好，可以成为推动团队发展的强大动力；用得不好，则可能成为破坏团队和谐的隐患。作为管理者，我们需要智慧地运用这把双刃剑，激发团队的潜力，创造更加辉煌的成就。

8

鼓励受挫的下属，让他重整旗鼓

在职场中，遭遇挫折是每个人不可避免的。对那些自信满满、能迅速自我调整的下属来说，挫折是一笔宝贵的财富，能为他们未来的发展积累经验。然而，对于那些难以自行摆脱困境的下属，管理者的鼓励则至关重要。因为这有助于下属快速走出低谷，重拾斗志，继续前行。

孙小芳是一家专注于环保材料的塑料生产厂的经理。为了响应国家的环保政策，公司不再生产超薄塑料袋，而转向新型可降解塑料袋的生产。公司在这方面缺乏技术储备，因此孙小芳迅速成立了一个研发小组，由李绩海担任组长，全面负责研发工作。

经过了半年的不懈努力和多次试验，李绩海和他的团队仍未找到可行的解决方案。李绩海开始感到希望渺茫，他的热情和兴趣逐渐消退，取而代之的是失落和自责。孙小芳注意到了他的情绪变化，主动找他进行了一次深入的谈话。

在办公室里，孙小芳关切地问道："李绩海，我注意到你最近似乎有些挫败感。"李绩海坦诚地回答："是的，经理，我觉得我辜负了您对我的信任。"孙小芳认真地看着他，说："沉浸在失落中就能挽回信任吗？研发新技术本就充满风险和不确定性，没有承受挫折的勇气，又怎能取得成功？自责和愧疚并不能解决问题，只有积极行动起来才能解决问题。无论结果如何，都是对我信任的最好回应，你明白吗？"李绩海深受鼓舞，坚定地回答:"我明白了,经理,谢谢您的鼓励。"

在孙小芳的鼓励下,李绩海重新振作起来,他抓紧每分每秒进行研究和试验。最终,经过不懈的努力,他成功研发出了一种新型的可降解塑料袋。

正如泰戈尔所言:"上天完全是为了坚强你的意志,才在道路上设下重重的阻碍。"没有阻碍,我们就无法变得坚强。而每一次战胜挫折,都会让我们变得更加坚韧。

挫折的产生通常有两种原因。一种是外部原因,比如不可控的外部环境因素。对于这类挫折,我们可以选择放手,不必过分纠结。另一种是内部原因,包括个人能力、心理承受能力、生理上的缺陷等,这些是可以通过个人努力和他人的帮助来克服的。

对于那些无法依靠自己的力量走出挫折阴霾的下属,如果管理者未能及时发现或未能提供适当的帮助,他们可能会陷入长期的失落,而逐渐失去对工作的兴趣。这种负面情绪还可能影响到周围的同事,对团队和公司造成更大的损失。

作为管理者,在发现下属受挫后,应采取以下措施帮助他们尽快走出挫折。

1. 引导下属坦然面对挫折

下属遇到挫折时,他们可能会陷入对过去的追忆和幻想中,难以自拔。此时,管理者应起到心灵导师的作用,引导下属正视现实,让他们明白挫折只是成功道路上一个微不足道的小插曲,是成长的必经之路,也是锤炼意志的宝贵机会。

2. 协助下属剖析原因,指明解决之道

在挫折面前,下属可能会感到迷茫和无助,难以洞悉问题的

真正症结所在。作为管理者，此刻应展现出分析和解决问题的能力，与下属一同深入探讨挫折背后的原因。通过细致的分析，帮助下属识别问题的关键所在，进而提出切实可行的解决建议。这样不仅能帮助下属明确前进的方向，也能激发他们内在的潜力和智慧，找到克服困难的方法。

3. 赞赏下属的才华，激励他们重新出发

挫折往往会让下属对自己的能力产生怀疑，甚至丧失前行的动力。在这个关键时刻，管理者需要用赞赏和鼓励来点亮他们心中的希望之火。回顾下属过去的成就，肯定他们的才华和努力，让他们明白一时的挫折并不能掩盖他们的光芒。同时，鼓励下属勇敢地重新开始，以全新的姿态迎接未来的挑战。告诉他们，每一次的跌倒都是成长的垫脚石，只要勇敢地站起来，前方依然是光明的坦途。

通过以上措施，管理者不仅能够帮助下属正视挫折，重拾信心，还能够激励整个团队保持积极向上的氛围，共同面对挑战。

第六章

诙谐风趣，有气氛才好说话！

1

开个玩笑，
缓解下属的紧张

在公司内部，时常出现紧张的工作气氛：或许是下属争分夺秒地开发软件，抑或是公司面临舆论危机，团队紧急研讨对策。适度的紧张可以提升工作效率，但长期处于高压状态则可能导致员工疲惫不堪。此时，管理者适时地开个玩笑，能够有效缓解紧张气氛，对团队的和谐发展至关重要，但同时要注意，开玩笑要掌握好分寸。

韩伟是某防水材料公司的经理，在一次网络谣言危机中，他巧妙地运用了幽默的力量。一条关于公司产品含有有害气体的不实消息，在网络上引发了热议。韩伟迅速召集团队，商讨公关对策。在讨论紧张进行之际，韩伟突然开玩笑说："你们看李炫的肚子大得都快炸了。"大家哄堂大笑，紧张的气氛顿时得到了缓解。然而，李炫因此变得沉默寡言，不再积极参与讨论。

管理者在紧张时刻使用幽默，确实能够缓解团队的气氛。但如果玩笑不得体，便可能引起下属的反感，甚至导致团队不和谐。管理者开玩笑时，应注意以下几种情况。

1. 避免讽刺下属，掌握玩笑的分寸

管理者可以拿下属开玩笑，但前提是不伤害对方。暗讽或拿下属的缺点开玩笑，会伤害他们的自尊心，引起反感。管理者应根据实际情况，灵活掌握玩笑的分寸。

2. 避免玩笑内容低俗

低俗的玩笑可能会让下属质疑管理者的品位，影响管理者的形象。管理者的言行反映了其文化修养。合适的笑话能够让下属放松，同时也能展现管理者的正面形象。例如，韩伟可以这样开玩笑："哇，我是不是穿越了，来到了魏晋南北朝，看到你们都如痴如醉地工作，我得去给你们拿点佳酿。"

3. 控制玩笑的频率和时长

玩笑应当适时适度。优秀的管理者懂得在紧张的工作间隙恰到好处地插入几句轻松幽默的话语，既让大家紧绷的神经得到放松，又能迅速回归正题，避免过度分散注意力，从而维护了高效的工作氛围。

4. 避免频繁拿个别下属开玩笑

偶尔拿大家熟悉的同事开玩笑可以增加亲密感，但频繁针对同一个人，可能会引起误会和尴尬。

总之，幽默是管理者化解紧张、增强团队凝聚力的有效工具。通过恰当的幽默，管理者不仅能够缓解紧张气氛，还能够展现自己的人格魅力，赢得团队的尊重和信任。同时，在使用幽默时，管理者必须注意时机、内容和分寸，确保幽默发挥积极作用，而不是消极作用。

2

运用幽默艺术,激发团队活力

日常工作的重复性可能会逐渐消磨员工的激情,使他们感到厌烦。员工面临挑战或难题时,这种情绪可能会进一步恶化,导致团队士气低落。在这种情况下,管理者通过幽默来调节团队氛围,不仅能够缓解压力,还能提高工作效率。

杜楠是某创意广告公司的总设计师。公司经过十年的高速发展,拥有众多忠实客户。然而,最近杜楠注意到公司的订单量开始下滑,员工的工作热情也不如往日。面对这一情况,她决定召开紧急会议,旨在鼓舞团队士气,激发大家的工作激情。

在会议上,杜楠首先回顾了公司的辉煌成就,然后坦诚地指出了当前公司面临的危机——一家新成立的公司崭露头角,很多忠实客户被抢。这时,一名态度消极的员工提出了疑问:"我们公司现在是不是已经老了,怎么和那些年轻的公司竞争呢?"杜楠机智地回答:"我们不会以老年的姿态去欺负初出茅庐的青年。"这番话引起了现场一片轻松的笑声。

会议结束后,尽管手头工作繁重,但员工情绪高昂,充满斗志,准备迎接新的挑战。

管理者运用幽默与员工沟通,可以有效缓解紧张气氛,树立亲民形象。幽默不仅能活跃气氛,提高员工的工作激情,还能鼓励他们积极投身于工作之中,发挥个体在团队中的作用,提升整个团队的竞争力。

幽默的激励方式还能增强员工对公司的归属感。通常,员工对管理者的印象是严肃、官方的。而管理者以幽默的方式表达时，员工会感到亲切，将管理者视为朋友或亲人，从而自然对公司产生归属感，更愿意为团队的发展贡献自己的力量。

此外，管理者使用幽默不仅能振奋员工的精神，还能帮助自己减轻压力，缓解疲劳，有益身心健康。常言道："笑一笑，十年少。"管理者的幽默可以营造愉快的工作氛围，有助于在交流和活动中结交朋友，为公司的发展和进步提供重要的人脉资源。

那么，管理者应如何培养和发挥自己的幽默才能呢？

1. 避免恶语伤人的"幽默"

幽默应建立在善意的基础上，管理者在开玩笑时必须注意不要伤害他人。如果不慎说出不当的笑话，应立即纠正并道歉。

2. 将意见和想法融入幽默之中

幽默不仅能让人发笑，还能引发深思。管理者应学会将自己的想法巧妙地融入幽默之中，以此含蓄地传达自己的意见和理念。

3. 丰富幽默素材

管理者要想更好地运用幽默，就需要不断学习和积累。多阅读幽默作品，与幽默的人交流，都是提升幽默感的有效途径。通过不断学习和实践，即使是不擅长幽默的管理者也能逐渐掌握幽默的艺术，成为一个真正懂得运用幽默的管理者。

幽默是一种强大的管理工具，它能够激发团队活力，增强员工的归属感，提升团队的凝聚力和竞争力。管理者应努力培养自己的幽默感，并将其作为提升领导力的重要手段。通过运用幽默，管理者可以更有效地激励团队，引领公司走向更加辉煌的未来。

3 来点笑料，活跃会议气氛

在公司会议中，尴尬或紧张气氛的出现，可能是由于某个议题的争议，或是发言者的不慎言辞。会议氛围陷入僵局时，管理者及时地运用幽默来缓和气氛，往往能有效推进会议的进行。

左钦是一家视频监控设备厂的经营者，他以年轻有为和充满活力著称。经过数年的发展，公司产品已占据了25%的市场份额。然而，左钦并不满足于此，他设定了更高的目标——30%的市场份额。为了激励团队，他决定召开动员大会，希望能够激发员工的积极性，共同实现这一目标。

会议开始时，气氛异常平静，员工似乎缺乏参与的热情。突然，一名员工站起身来，提出了一个令人深思的问题："前路漫长，我们该如何保持动力？"左钦机智地回答："骏马自知前程远，不用加鞭也奋蹄。"这句幽默而富有哲理的话迅速点燃了会场的气氛，笑声和轻松的情绪在员工中传播开来。

会议结束后，员工都感受到了左钦的奋斗精神和决心。他们被深深感染，积极投身于工作之中，最终在年底成功实现了既定的目标。

管理者的一句幽默话语，能够让下属瞬间开怀大笑，这显示出幽默在调动情绪中的巨大作用。这不仅是领导力的一种体现，更是成功管理者的重要特质。通过幽默来调动员工情绪，管理者能够更好地传达自己的思想和理念，从而推动团队走向成功。

管理者巧妙地运用幽默，不仅能够为自己的紧张情绪找到一个释放的出口，还能让员工疲惫的大脑得到宝贵的休憩。

当然，幽默的运用也是一门艺术，管理者在使用时应当深思熟虑。管理者在运用幽默时应注意以下几点。

1. 谨慎选择场合

每个场合都有其独特的气氛和需求，因此，选择何种幽默方式至关重要。在庄重的正式场合，管理者宜采用积极、正面的幽默，以展现其乐观与智慧。而在更为休闲的场合，一点轻松的打趣则能迅速拉近人与人之间的距离。

2. 调整语气与表达

幽默的效果往往与表达方式密不可分。管理者在分享幽默时，应以和煦、亲切的语气进行，避免使用生硬或命令式的口吻，以确保下属能够欣然接受，并产生共鸣。

3. 把握节奏

虽然幽默能够带来轻松与欢笑，但管理者也须时刻注意维持活动的整体节奏。在营造了轻松的气氛之后，要适时地将团队的注意力重新拉回到会议的主题上，以确保议程能够顺利进行。

幽默能够为沉闷的会议注入活力，加强团队的向心力，在无形中提升团队的工作效率与质量。因此，作为管理者，学会如何恰到好处地运用幽默，以积极、正面的方式去感染和激励团队，是推动组织不断前行的关键。

4 以风趣的方式来化解尴尬

在管理者与下属的互动中，尴尬场面的出现往往难以避免。不同的管理者有不同的处理方式，有的管理者可能会采取高压手段，以权威的姿态命令下属自我反省，但这种方式很容易伤害下属的感情。相对而言，采用风趣幽默的方式来化解尴尬，不仅能够缓和紧张的气氛，还能拉近与下属之间的距离。

王经理是一位懂得如何运用幽默的管理者。一次，为了犒劳团队连续一个多月的辛勤工作，他带领大家到KTV放松。然而，大家坐下后，没有人愿意主动唱歌，互相推让，气氛显得特别尴尬。这时，王经理灵机一动，说："今天咱们有个特别的要求，就是唱得越难听越好。李佳佳，你来给大家起个头吧。"李佳佳虽然有些难为情，但还是硬着头皮唱了起来。唱完后，王经理带头鼓掌，笑着说："太好听了，完全不符合我们今晚的标准。下一个谁来？"这番话让在场的每个人都笑了起来，气氛顿时活跃了许多，大家纷纷开始唱歌，度过了一个愉快而放松的夜晚。

面对尴尬场面，管理者的处理方式至关重要。如果采用强硬或忽视的态度，虽然能够暂时解决问题，但可能会给团队带来长期的负面影响。而管理者用风趣的语言来化解尴尬时，问题往往能够轻松、顺利地得到解决。

幽默不仅能让人放松，还能拉近管理者与下属之间的距离，促进双方的交流。笑是最好的沟通方式，几乎没有人会拒绝一个幽默风趣的笑话。此外，管理者的风趣自嘲还能展现其乐观和豁达的一面，让下属感受到亲切，增强了团队的凝聚力。

王一选在公司面临严重财务危机时,就展现了这种领导力。在一次全体会议上,他坦诚地介绍了公司的困境,并让员工自主决定是否留下。面对尴尬的沉默,他幽默地说:"反正创业时我也是个穷光蛋,现在不过是回到原点,但我们会重新开始的,不是吗?"这番话不仅化解了尴尬,还激发了员工的忠诚和团结,大家纷纷表示愿意与公司共渡难关。

那么,作为管理者,如何成为一个幽默风趣的人呢?建议参考以下几点。

1. 相信自己能够成为风趣的管理者

自信是实现目标的前提。如果管理者缺乏自信,就不太可能去尝试和改变。因此,管理者需要相信自己,勇于展现自己的幽默感。

2. 付诸行动

不要只做"语言的巨人,行动的矮子"。管理者可以主动尝试说一些风趣的话,尽管一开始不那么成功,但是可以通过学习和实践不断进步。管理者还可以阅读幽默材料、观看喜剧表演,甚至参与一些轻松的活动,以培养自己的幽默感。

3. 搜集幽默的灵感

一个人的能力是有限的,但团队的力量是无限的。管理者不应局限于自己的视野,而应积极与下属交流,学习他们的风趣之处。此外,管理者还应拓宽社交圈,从生活中汲取幽默的灵感。

幽默是一种强大的管理工具,它能够化解尴尬,凝聚团队,激发士气。管理者应该努力培养自己的幽默感,以更加积极、乐观的态度引领团队前进。

5 玩笑得体才受下属欢迎

在职场中，管理者与下属之间的沟通至关重要。为了活跃气氛、拉近彼此距离，管理者有时会采用玩笑的方式来交流。这确实能带来轻松愉快的氛围。然而，玩笑必须得体，否则很容易引起下属的反感。

田飞是一家智能设备制造商的经理，负责整个产品线的综合评估与运营。某日，他主持了一场关于新设备内部测试结果的总结报告和问题反馈大会。会上，他鼓励员工积极发言："请毫无保留地提出你们的建议和评价，这将帮助我们不断改进和提升。"员工们纷纷响应，气氛热烈。

一名员工在提出问题后，又站起来继续发言，田飞试图以玩笑的方式缓解紧张气氛："你的发言像泉水一样源源不断。"这番话却让员工感到尴尬，她的脸瞬间红了，随后便结束了发言。事后，这名员工认为田飞的话带有侮辱性质，不尊重她的意见，愤然提出辞职。

这个故事显示了管理者言辞不当对下属产生的消极影响。即使是出于好意的玩笑，如果不得体，也可能引起下属的强烈反感，影响双方关系，甚至破坏团队和谐。

玩笑本是一种轻松的言语交流方式，管理者在开玩笑时必须掌握好分寸。只有玩笑适度，才能让下属感受到管理者的幽默，而不是嘲讽。这样，下属才能在轻松的氛围中接受管理者的玩笑，进而增进交流。

江辉是一家投资公司的老板，对信息量的需求极高，因此总是随身携带电脑。一次，他到公司后发现电脑无法开机，急中生智的他向下属求助：

"有谁能帮忙修一下电脑？"尽管多名下属尝试修理，但都未能解决问题。后来，晚到的崔慧轻松解决了问题。江辉高兴地称赞她："你真是样样都行，还有你不会的吗？"这番幽默的表扬让在场的下属都笑了，崔慧也因此更加努力工作。

适度玩笑在职场中确实有其独特的作用，它不仅能够缓解紧张的工作氛围，还能增进同事之间的默契。那么，管理者应如何巧妙地开玩笑，而又不失体面呢？以下是几点建议。

1. 玩笑之前，先做个明确的预告

幽默与冒犯之间的界限有时是微妙的。为了避免下属误解管理者的意图，最好在玩笑之前先给予一些"铺垫"。比如，管理者可以说："接下来我要开个小玩笑,说你的工作效率像蜗牛一样，但这只是玩笑哟，别介意。"这样的开场白可以为管理者的玩笑定下一个轻松的基调，并让下属有所准备，从而减少尴尬和误解的产生。

2. 玩笑之时，轻松且不过分

每个人都有自己闪光的一面，也同样有不愿被触及的软肋。作为管理者，在与下属沟通时，要清晰地把握好他们的个性和接受度。管理者决定以玩笑的方式来提及下属的不足时，务必确保这种玩笑是轻松且不过分的，始终在下属可接受的范围内。

3. 玩笑过后，别忘了给予正能量

玩笑过后，及时为下属送上一句鼓励的话或者一些建设性的反馈是至关重要的。这样不仅可以平衡玩笑可能带来的轻微不适，

还能让下属真切感受到管理者的关心和支持。更重要的是，这种"先抑后扬"的沟通方式可以帮助他们更加清晰地认识到自己的不足，并在未来的工作中努力改进。

　　作为一个明智的管理者，应该学会如何在职场中恰到好处地运用玩笑。这样不仅可以为团队带来一丝欢乐和轻松，还能在维护团队和谐的同时，赢得下属的尊敬与信赖。

6

你有诙谐应对突发事件的能力吗

在公司的日常运营中，突发事件的出现往往考验着管理者的应变能力和智慧。那些缺乏经验的管理者可能会手忙脚乱，不知所措；经验丰富且自信的管理者往往能够运用诙谐的方式，巧妙地应对这些挑战。

薛江是一家公司的经理，平日里工作繁忙，几乎每天都在办公室里忙碌。某日，一名下属急匆匆地跑来告诉他："经理，不好了，有两名员工发生了争执，甚至动起了手，我们怎么劝都劝不住！"薛江幽默地回应："在我的地盘上，还敢闹事？让我去见识一下这两位'英雄'。"他赶到现场，看到两名员工还在激烈地争执。薛江大声说："两位，停手吧，这里是公司，不是角斗场。"听到经理的声音，两人终于停止了争执。

薛江将他们带到了办公室，经过一番询问，了解到争执的起因是两人在比较各自的工作能力，结果演变成了肢体冲突。薛江用诙谐的语气说："你们这是在上演现代版的'孙悟空大闹天宫'吗？别忘了，即使是孙悟空，也得在如来佛祖面前低头。"这番话让两名员工都笑了，气氛顿时缓和了许多。最终，他们和解了，并承诺以后会互相帮助，共同进步。

在面对突发事件时，管理者的应变能力至关重要。管理者能够运用诙谐的语言来处理问题时，下属往往能够轻松接受，问题也能迅速得到解决。

管理者面对突发事件，往往没有足够的时间来深思熟虑。此时，诙谐的话语能够缓解现场的紧张气氛，同时也让管理者自己的情绪得到放松。这样，管理者就能在轻松和谐的氛围中，逐步了解事实和原因，为自己争取到宝贵的时间，从而想出创造性的解决方案，在良好的氛围中圆满解决问题。

管理者运用诙谐的语言来处理突发事件，不仅能够体现出管理者的睿智和高超的表达技巧，还能增强下属对管理者的敬佩和信任。因此，运用诙谐来处理突发事件的能力，是每一位管理者都应该学习和掌握的。

那么，管理者应该如何培养这种能力呢？

1. 创造一个接受诙谐表达的工作环境

只有在一个接受诙谐表达的环境中，管理者的诙谐方式才能得到认可和接受。因此，管理者在平时的会议或交流中，应该适时地运用诙谐的语言，让下属逐渐习惯这种表达方式。随着时间的推移，遇到突发事件时，管理者的诙谐表达就能被下属理解和接受，同时也能营造出一个良好的氛围。

2. 不断地学习和提升自己

如果管理者总是重复使用相同的诙谐话语，下属很快就会感到乏味，效果也会大打折扣。正如朱熹所说："问渠那得清如许？为有源头活水来。"管理者要想让自己的诙谐话语每次都能给下属带来新鲜感，就需要不断地充实自己，更新自己的诙谐话语库。

为了提高自己的诙谐表达能力，管理者可以采取以下方法。

1. 多阅读诙谐的语句和故事

每个人的思想和视角都是独特的，多阅读诙谐的内容，可以开阔视野，扩大自己的视角，从而记住并创造更多的诙谐表达。

2. 与朋友和家人多交流

与亲近的人交流，可以锻炼自己在实际环境中的表达能力。即使说错了，也不会感到尴尬，因为你们关系亲密。此外，朋友和家人还可以提供宝贵的意见和反馈，这是在与下属交流时难以获得的。

通过以上方法，管理者可以逐步培养和提升自己运用诙谐语言处理突发事件的能力，从而在职场中展现出自己的智慧和魅力。

7

以幽默的方式维护下属的尊严

作为管理者，维护下属的尊严是一项至关重要的技能。这不仅能赢得下属的尊重和忠诚，还能促进团队的和谐与团结。然而，如何在不伤害下属自尊的同时，巧妙地指出他的错误并提供指导是一门需要精心打磨的艺术。幽默，作为一种有效的沟通工具，能够帮助管理者轻松地化解尴尬局面，维护下属的面子。

许机遇是一家玻璃制造厂的总经理，他以严格和犀利的管理风格而闻名。一天，他在车间巡视时，发现一名刚入职不久的新员工将一块玻璃切坏了。这本是新手常见的小错误，但恰逢许机遇在场，他立刻严厉地批评了这名员工。周围的员工纷纷围观，新员工感到极度尴尬和羞愧。同事们的嘲笑更是让他无地自容："连这点小事都做不好，还大学生呢？"最终，这名员工因无法忍受管理者和同事的嘲讽，未提交辞职报告便离开了公司。

这一事件反映出，如果管理者不能妥善保护下属的面子，就会伤害下属的自尊心。一旦下属的自尊心受损，他们就容易成为他人嘲笑和轻视的对象。这会在团队内部造成不良影响，影响团队的凝聚力。反之，如果管理者能够在关键时刻给予下属足够的尊重和面子，下属将会更加感激，团队的凝聚力也会因此而增强。

杰克·韦尔奇在担任通用电气公司总裁期间，展现了他以幽默维护下属尊严的高超技巧。查尔斯·史坦恩梅兹是一位电气领域的天才，但出于种种原因，他被安排在计算机部门担任主管，并未发挥出应有的能力。韦尔奇决定为他调整岗位，但又不想伤害他的自尊。于是，他亲自邀请史坦恩梅兹到办公室，幽默地说：“史坦恩梅兹先生，我们公司现在急需一位电气顾问工程师，我想来想去，觉得没有人比你更适合这个职位。”史坦恩梅兹听后非常高兴，表示愿意接受这一职位。

韦尔奇的幽默不仅为史坦恩梅兹提供了一个体面的台阶，还巧妙地指出了他的优势所在，使他能够欣然接受新的职位。这种处理方式体现了管理者的智慧和人情味，也赢得了下属的尊敬和信任。

如何在指出下属不足的同时，又能维护他们的尊严和积极性，是每个管理者都应该掌握的技巧。幽默，作为一种有效的沟通手段，不仅可以缓解紧张的工作氛围，还能在保护下属尊严的同时，达到指导与激励的目的。

以下几种可供借鉴的方法，能够帮助管理者以幽默的方式维护下属的尊严。

1. 用俏皮的语言包装批评

需要指出下属的某些不足时，管理者可以用俏皮的语言来包装批评。比如，使用比喻或夸张的修辞手法，将严肃的问题以诙谐的方式表达出来。这样不仅可以降低下属的防御心理，还能让他们更容易接受批评并改正错误。

2. 适度自嘲，拉近距离

管理者适度自嘲，可以拉近与下属的距离，让下属感受到管理者的亲和力。在指出下属的问题时，管理者可以先拿自己开个玩笑，再自然过渡到对下属的建议。这种方式可以缓解尴尬气氛，让下属在笑声中接受指导。

3. 使用寓言或故事传达意图

讲述寓言或故事来传达自己的意图,是一种既委婉又幽默的方式。管理者可以以轻松愉快的口吻讲述与下属问题相关的寓言或故事,引导下属自我反思,从而达到改进的目的。

4. 巧妙运用双关语

在沟通中使用双关语,可以增加对话的趣味性。管理者在指出下属问题时,可以巧妙运用这种语言技巧,这样既能表达自己的观点,又能避免直接批评带来的尴尬。

通过运用上述方法,管理者可以在职场的和谐氛围中,有效地指导和激励下属,促进团队的进步。

第七章

用机智头脑,破解沟通难题!

1

用尊重和机智的方式解雇员工

在公司管理中,管理者有时不得不做出解雇员工的艰难决定。这可能是因为员工的表现不佳、不服从管理,或因为公司发展需要,等等。无论何种原因,解雇员工都需要管理者具备高超的沟通技巧和高度的人文关怀。

李钦是某文化传媒公司的一名员工,已经为公司服务了两年。尽管他工作勤勤恳恳,但一直表现平平,没有特别突出的成绩。公司管理者注意到了这一点,决定让管理者的侄子接替他的职位,因为管理者的侄子在这一领域表现出色。管理者将李钦叫到办公室,直截了当地说:"李钦,经过公司综合考虑,我们决定终止与你的劳动合同。"李钦感到震惊和不解:"为什么?我工作一直很认真。"管理者回答:"这是公司的战略调整,希望你能理解。"李钦心中充满了不满和愤怒,他默默地离开了办公室。

不久后,管理者发现自己的车子被划了多道痕迹,这是李钦因愤怒情绪而产生的冲动行为。

解雇员工是许多管理者都会面临的问题,处理不当不仅会给管理者带来麻烦,还可能对公司造成损失。很多时候,这种结果是由于管理者在辞退员工时沟通不畅,未能给出令人信服的理由造成的。

钱梅是一家盆景设计公司的创始人,陈红是她的销售员工。钱梅认为陈红的业绩仅能维持其工资水平,无法满足公司的发展需求。因此,钱梅决定与陈红解除劳动合同。她邀请陈红到办公室,诚恳地说:"陈红,你来公司已经半年了,你的努力我都看在眼里。但我们必须面对现实,你的业绩并没有达到公司的期望。公司决定结束同你的合作关系，希望你能找到一个更适合你发展的平台。公司会按照法律规定，给予你相应的经济补偿，并提供必要的帮助。"陈红虽然感到失落，但她感谢公司的坦诚和帮助，表示会积极寻找新的工作机会。

一个好的管理者在解雇员工时，应该表现出对员工的尊重和自身的专业性，让员工心服口服地接受决定。以下是一些有效解雇员工的策略。

1. 明确解雇原因

公司因财务状况而需要裁员时，管理者应该直接、清晰地说明解雇的原因，避免拐弯抹角或使用模糊的语言。这样可以减少误解和不必要的猜疑。

2. 提供安慰和帮助

解雇消息对员工来说是一个巨大的打击。管理者应该提供一些安慰和鼓励，并提供必要的支持和资源。

3. 详细说明补偿方案

员工被解雇后，会面临经济压力。管理者应该详细说明公司提供的补偿方案，包括经济补偿、推荐信或其他形式的帮助，以减轻员工的负担。

通过以上方法，管理者不仅能够以尊重的态度和专业的方式解雇员工，还能够维护公司的形象和声誉，让员工带着尊严和支持离职。这样的管理者才能真正赢得员工的尊重和理解，即使在结束合作关系后，也能保持双方间的良好关系。

2

了解员工离职原因，有效应对人才流失

在职场中，员工对公司的适应和发展会有一个自我评估的过程。员工感觉自己不再适合当前的工作环境时，他们可能会选择离职。作为管理者，面对员工的离职申请，应深入了解其背后的原因，这样才能更有效地应对和解决问题。

杨辉是一家轴承厂的经理，他对待员工离职的态度一直比较消极，很少主动地去了解员工离职的原因，或是挽留员工。一天，研发部的一名员工走进他的办公室，告诉他："经理，我想离职。"杨辉当时正忙于处理其他事务，没有深入了解原因便同意了。然而，在接下来的两个月里，研发部陆续有员工提出离职，导致人手严重不足，影响了项目的进度。这时，杨辉才意识到，如果在第一个员工离职时就积极沟通，或许能够避免后来的人才流失。

员工提出离职时，通常会简单说明原因。如果管理者不进一步询问，就很难发现员工离职的真正原因，也就无法有效地挽留员工，更无法通过员工的反馈了解公司内部可能存在的问题。这对公司的长期发展是不利的。

有些员工在离职时可能会随意编造理由，因为他们认为自己即将离开公司，与公司不再联系，也就不用详细说明公司的问题。这种情况下，管理者需要运用沟通技巧，鼓励员工表达离职的真正原因和对公司的看法。这样，管理者才能找到问题的根源，提出解决方案，尝试说服员工留下。

人才是公司的核心竞争力。只有充分利用人才，公司才能在激烈的市场竞争中脱颖而出。那么，管理者如何才能让离职员工坦诚地说出公司的内部问题呢？

1. 在轻松的氛围中让员工打开心扉

管理者需要选择一个安静的环境，并营造一种放松的氛围。首先，管理者可以表达公司对员工的认可和关心。如："虽然你决定离开，但我们很感激你为公司所做的贡献。今天，我们就像朋友一样聊聊天。"这样的开场白有助于缓解紧张气氛，让员工更愿意敞开心扉。接着，管理者可以通过询问式的对话，逐步引导员工谈论他们的工作体验。例如："你对目前的薪资待遇满意吗？"或者是："你觉得和同事们相处得如何？"通过这样的对话，管理者可以逐步了解员工的真实想法。一旦找到了员工离职的根本原因，管理者就可以针对性地进行沟通，制定解决方案。例如，如果员工离职是因为薪资问题，管理者可以询问这是个别情况还是普遍现象，并据此提出改进措施。

2. 员工去意已决时，也应该给予鼓励

如果问题得到解决，员工仍然决定离开，管理者也应该给予鼓励，并尽可能提供帮助，如推荐工作机会。同时，可以邀请员工提出对公司的意见和建议，作为公司日后改进的方向。

总之，管理者在面对员工离职时，应该采取积极的态度，深入了解原因，提供帮助，并从中学习，以改进公司的管理和运营，减少未来的人才流失。通过这样的方式，管理者不仅能够维护员工的尊严和公司的声誉，还能够为公司的长期发展奠定坚实的基础。

3

引领思想革新，
激发团队潜能

在职场中，一个人的思想高度往往决定着他的职业发展。积极向上的思想能够激励人刻苦努力，从而取得更高的成就和职位。相反，思想落后则可能导致消极对待工作，难以取得显著成绩。因此，作为管理者，有责任帮助思想落后的下属更新观念，激发他们的潜能。

宋何是某家用电器制造公司的总设计师，以独特的创新思维而著称。一次，公司决定开发一款新型电饭煲，任务交给了由宋何带领的团队。当时，人工智能技术刚刚兴起，尚未成熟，同行业的其他公司都没有将其应用到电饭煲中。宋何决定成为行业的先行者。他向团队阐述了自己的想法，出乎意料的是，团队成员一致反对。这让宋何感到非常沮丧，他开始思考如何让团队成员摆脱保守思想，接受创新。

宋何召集团队开会，他问团队成员："你们平时怎么用电饭煲做饭？"团队成员回答："只要按几个按钮就行了，很简单。"宋何接着说："如果我们加入人工智能技术，你们甚至可以通过语音指令来控制电饭煲，这样不是更方便吗？"团队成员提出了疑虑："人工智能技术还不够成熟，等它成熟了再用也不迟。"宋何反驳道："你们还记得诺基亚是怎么从行业巨头走向衰败的吗？正是因为他们坚持传统，拒绝接受新技术。"

经过一番激烈的讨论，团队成员最终被宋何的远见和信念所折服。他们共同研发的这款带人工智能的电饭煲一经推出，便在市场上取得了巨大成功。

落后的思想会严重阻碍公司的发展。作为公司的决策者，管理者需要不断学习新知识，保持开放的思想，并引导团队成员更新观念。否则，团队的发展将受到限制，公司的活力也会逐渐丧失，最终难逃衰败的命运。

团队成员思想落后的原因主要有两个：

第一，安于现状，不思进取。

许多员工在加入公司初期工作非常努力，但随着时间的推移，他们开始变得懈怠。这种态度往往是由思想落后造成的。他们认为自己无论如何努力，都无法超越那些天赋异禀的人或与管理关系密切的"关系户"。因此，他们认为努力与不努力结果都一样，不如选择安逸地混日子。

第二，害怕承担风险。

改变思想往往需要付出一定的代价，有些人可能无法承受。例如，如果要求改变传统的设计理念，采用新的设计理念，而新技术不成熟导致失败，那后果可能是灾难性的。因此，许多人选择放弃改变，回归保守的思想。

在快速发展的现代社会中，企业要想保持竞争力，就必须拥有一支具有前瞻视野和创新精神的团队。作为管理者，如何帮助团队成员摆脱落后思想，激发他们的潜能呢？以下是一些可供借鉴的方法。

1. 引导团队成员树立远大目标

引导团队成员从短视和局限中解放出来，鼓励他们树立远大的人生目标和职业理想。通过分享成功人士的故事，激励团队成员敢于梦想、勇于追求。这样的正面激励能够让团队成员意识到，只有不断追求更高的目标,才能实现自己的人生价值。

2.鼓励团队成员勇于创新与实践

创新是企业发展的核心动力。管理者应该营造一种开放包容的氛围,鼓励团队成员敢于接受新思想,勇于尝试新方法。团队成员提出创新性的想法或解决问题的方案时,管理者应给予充分的肯定和支持,甚至在适当的时候提供奖励,以此来激发整个团队的创新意识和实践精神。

3.为团队成员提供必要的支持与保障

管理者不仅要鼓励创新,更要为团队成员提供创新所需的资源和环境。这包括提供必要的培训、技术支持和资金投入,以确保团队成员能够顺利地将创新想法转化为实际成果。同时,管理者还应该明确表示愿意承担创新过程中可能出现的风险和后果,让团队成员能够无后顾之忧地投入创新实践中。

这些方法的实施需要管理者的耐心和智慧,也需要团队成员的积极参与和响应。只有双方共同努力,才能打造一个具有前瞻性和创新力的团队。

下属之间有冲突，管理者如何巧妙化解

在公司的日常工作中，员工之间的矛盾和冲突有时难以避免。如果管理者不及时介入化解，冲突可能会逐渐升级，最终导致严重的后果。因此，下属之间出现冲突时，作为管理者，必须及时介入，防止事态扩大。

小林和小王是朱先的下属。一次，因为工作上的分歧，他们在同事面前发生了激烈的争吵。起初只是相互指责，但很快演变成了互相辱骂。同事们意识到情况严重，向朱先求助，他却轻描淡写地说："这种小事没什么大不了的，我这边还忙着呢，别管他们，一会儿就没事了。"结果，小王为了在同事面前争面子，动手打了小林。从此以后，小林和小王不仅不再说话，还在工作中互相制造麻烦，严重影响了工作效率。

下属之间的冲突本可以通过管理者的及时调解得到解决。如果管理者不及时采取行动，下属间的矛盾可能会愈演愈烈，给个人和公司带来未知的危害。

下属之间发生冲突的原因主要有三个方面：

第一，家庭原因。

员工可能因为家庭问题而情绪不稳，如果同事不了解情况，无意中的玩笑或挑衅可能触发情绪爆发，导致冲突。

第二，工作中观点不同。

每个人都有权保持自己的意见，但在团队中，最终只能采纳和执行一个方案。在表达观点和争辩的过程中，如果情绪控制不当，可能会引发冲突。

第三，嫉妒心理。

人与人之间的能力差异可能导致工作成果的不同。管理者对某个下属给予更多关注时，其他下属可能会产生嫉妒心理。嫉妒可能导致个人对他人产生敌意，进而制造麻烦，引发直接冲突。

面对下属之间的冲突，管理者应该如何化解呢？可以参考以下几点。

1. 及时制止并分开冲突双方

得知下属发生冲突时，管理者应立即采取措施制止，并要求双方暂时分开，冷静下来。管理者可以坚定地说："我要求你们立刻停止争吵，回到自己的工作岗位上冷静思考。"在处理这类情况时，管理者必须用权威和决断力来控制局面，而不是以商量的口吻。

2. 立刻进行调查，了解冲突原因

管理者需要主动了解冲突的起因，可以询问现场的其他下属，了解事情的经过和原因。通过他们的描述，可以逐步了解冲突的根源。在询问过程中，应避免只听取某个当事人的一面之词，否则会因个人偏见而失去客观性。

3. 在双方冷静后进行调解

管理者应在双方都平静下来后，将他们叫到办公室，尝试化解矛盾。可以让他们尝试站在对方的立场上思考问题，比如这样问："如果你是对方，你会如何看待自己刚才的言行？"换位思维有助于增进彼此间的理解。接着，管理者可以引导他们从团队的角度考虑问题，指出冲突对团队的影响，促使他们意识到自己的行为可能给团队带来的负面影响。

4. 公正处理

管理者在明确了冲突的原因和责任后,应根据公司的规章制度进行公正处理。同时,作为管理者,还应以中立的身份促进双方和解,帮助他们重建工作关系。

通过这些策略,管理者不仅能够有效化解下属之间的冲突,还能够维护团队的和谐与稳定,促进公司的长远发展。

5 循序渐进说服顽固下属

公司管理者通常习惯于下达命令并期望下属执行。在大多数情况下,这种模式可以顺利运行,因为下属信任管理者的能力和决策。然而,管理者有时也会遇到一些特别固执的员工,他们可能在某些时候会坚持错误的观点。面对固执的下属,管理者不应急于说服。因为直接的说服往往难以成功,此时应该采取循序渐进的策略。

段宏是一家小说网站的创始人,许琳是该网站的一名作家。公司一直坚持原创内容为主,辅以伪原创作品。然而,几年过去,公司的业绩并没有显著提升。经过深思熟虑,段宏决定进行改革。他注意到根据热门小说改编的伪原创作品阅读量很高,因此他决定让作家们转向这一领域。但许琳已经习惯了原创写作,她拒绝改变。面对这种情况,段宏直接发出了最后通牒:"如果你不改变写作风格,就离开公司。"最终,许琳选择了离开。

常言道:"真理往往掌握在少数人手中。"但这句话的前提是,少数人所坚持的是真理。在大多数情况下,真理是被多数人所认可的。因此,管理者需要具备判断能力,准确判断下属的观点是否正确。如果下属固执己见,管理者应该采取适当的方式说服下属改变观点。

对于固执的下属,管理者如果直接用命令的口吻要求其改变,往往会适得其反,不仅不能说服下属,反而可能使下属更加坚持自己的看法。如果下属坚持错误观点而最终导致了不良后果,公司可能会遭受损失。

要改变固执下属的观点,管理者需要采取循序渐进的方法,通过真诚的态度和有力的事实来说服下属。正如俗话所说:"一口吃不成胖子,但胖子是一口一口吃出来的。"让下属立即接受新观点很困难,需要管理者不断地用理性的论证来引导下属,逐渐改变他们的想法。

邢杰是顺心物流公司的经理,孙嘉是公司的一名员工。一次,有下属向邢杰反映:"经理,孙嘉实在太固执了,我多次告诉他不要在背后议论别人,但他就是不听。这导致同事们之间产生了隔阂,工作氛围也不再像以前那样愉快了。"邢杰回应道:"我明白了,你去叫他来我办公室。"不久,孙嘉来到了办公室。

邢杰以平和的语气说:"孙嘉,请坐。今天没什么特别的事,只是想和你聊聊天,不用紧张,随意说。最近家里怎么样,父母身体还好吗?"孙嘉回答:"谢谢经理关心,家里一切都好,父母身体也很健康。"邢杰继续说:"听说你在家里非常孝顺,从不在背后说父母的坏话,甚至连牢骚都不发。"孙嘉谦虚地说:"这没什么,父母年纪大了,这是我应该做的。"

邢杰接着问:"如果你父亲做错了事,你会在背后告诉你母亲吗?"孙嘉回答:"不会的,如果父亲做错了事,我会想办法告诉他,然后让父母相互沟通解决。如果我在背后说,会让父母觉得我在挑拨离间,那样不好。"邢杰点头说:"我明白了。那你觉得在背后说同事的坏话好吗?"孙嘉听后,惭愧地低下了头。

从那以后,孙嘉再也没有在背后说过同事的坏话,整个团队恢复了以往互相帮助和愉快的工作氛围。

管理者想要说服固执的下属,可以参考以下几点策略。

1. 避免过于强硬

不要直接用命令的口吻告诉下属他们的想法是错误的,必须改正。这样的做法会引起下属的反感。即使是上下级关系，每个人的想法也都应得到尊重。管理者在提出问题时，应采用温和的语气，逐步引导下属认识到问题。

2. 使用现实生活中的例子

用下属能够产生共鸣的实际例子来说明问题，这样更容易让下属理解并接受。例如，在讨论设计方案时，如果下属固执己见，管理者可以讲述生活中的小故事，让下属意识到变通的重要性。

3. 让下属有尊严

尊重下属，让他们感觉到自己的观点被重视。在交流中，不要直接指责下属，而是采用假设性的表述，给下属提供一个自然下台的机会。

通过以上策略，管理者可以更有效地说服固执的下属，促进团队的和谐与进步。

6 言语失误,及时补救

面对自己的失误,一些管理者可能因为面子问题不愿承认错误。下属质疑时,他们还可能会以各种理由强行证明自己是对的。这样的做法无法让下属信服,也得不到下属的尊重。因此,管理者在言语失误时,应该及时采取补救措施。

权欣然是华大电子信息有限公司的总经理。一次,员工许祎通过自己的研究发明了一项技术,公司很快为她申请了专利。这项技术使公司产品在市场上占据了竞争优势,产品销量大增,公司获得了巨大利润。董事会决定嘉奖许祎,给予她 10 万元的特殊贡献奖。

公司很快组织了一场表彰大会。在大会上,经理首先介绍了公司的业绩,然后开始表扬许祎。但由于权欣然的言语失误,他将许祎的名字念成了"许伟",导致场下一片笑声。他没有及时更正,继续念了好几遍。旁边的主持人多次提示,但他没有听从。在颁发证书和奖金时,尴尬的气氛让许祎不好意思上台领奖。

最后,主持人无奈地说:"奖金和证书暂时放在我这里,会后我会亲自交给许祎。"这样,表彰会才匆匆结束。

管理者说错话是难免的,任何人都可能在不经意间犯错。古人云:"病从口入,祸从口出。"说明言语失误是常见的。出错后,管理者的态度决定了下属对他的看法。如果管理者固执己见,不愿改正,下属会觉得管理者在摆架子,不愿承认错误。这样,下属就不会主动与管理者交流。因为他们认为管理者总觉得自己是对的，即使错了也认为自己是对的，这样的管理者很难相处。

管理者不及时改正错误，还可能导致下属模仿。这会纵容下属犯错：既然管理者犯错不改正，下属自然也会认为犯错无须改正。这样的团队容易形成知错不改之风，缺乏严谨态度。因此公司遭受损失是必然的。

管理者发现错误后碍于面子没有立即纠正，即使事后纠正了，也会引起下属的不满。不及时纠正错误会让下属认为管理者缺乏承担责任的勇气，事后纠正也是出于面子考虑，没有把下属当成自己人。这样，下属就会感觉自己成了"外人"，不再全心投入工作，团队会因此失去向心力和竞争力，最终失去活力。

曹操曾率领军队经过一片麦田，他下令："任何人不得践踏麦田，违者斩首。"士兵们纷纷下马，小心翼翼地牵马前行。突然，曹操的马因受惊践踏了麦田，踩倒了一大片麦子。曹操立即宣布："我已下令保护麦田，如今我违反了命令，也应受罚。"他的部下说："丞相是我们的领袖，不能因小过失而自伤。"于是，曹操割下自己的一束头发，以示惩罚。士兵们看到这一幕，深受鼓舞，更加钦佩曹操。

这个故事告诉我们，管理者在犯错时能够自我处罚，表明自己与下属平等，一视同仁，就能增强团队的凝聚力，轻松获得大家的支持。

那么，管理者在言语失误时应该如何应对？建议从以下几点出发。

1. 放下管理者的架子，勇于承认错误

一个管理者能因言语失误公开道歉，这本身就是树立良好形象的行为，是管理者应该做的。这样，团队成员就不会因为管理

者说错话而嘲笑或看不起管理者，反而会因为管理者真诚的歉意和及时纠正错误的行为而更加尊重管理者。

2. 以幽默的方式缓和气氛

下属听到管理者言语失误时，他们可能会感到惊讶。这时，气氛可能会变得紧张。管理者可以说："看来今天的脑子也需要更新一下系统了，出了点小问题。"这样的幽默话语会让大家发笑，气氛顿时变得轻松。

3. 主动承担责任，接受处罚

气氛缓和时，管理者应该承认自己的失误并及时纠正。作为管理者，要以身作则，自己失误了要主动承担责任和接受处罚，这样才能让下属信服。

通过这些策略，管理者可以有效地应对言语失误，维护自己的形象，增强团队的凝聚力和向心力。

7

不跟情绪化的下属讲道理

下属情绪激动时，他们可能会说出一些冲动的话，甚至提出辞职。面对这种情况，管理者需要采取合理的方法来应对，而不是简单地与情绪化的人讲道理。

曹芳是五湖管道维修公司的总负责人，孙敬是公司的一名维修员。一天，公司接到了一个紧急任务：一个小区的某栋楼突然停水。曹芳迅速组织人员进行检查，未发现异常，于是又进行了一遍排查，还是没有发现异常。负责人打算组织第三次检查，孙敬表现出了明显的不满："还检查什么，都查两遍了，真是多此一举。"曹芳回应道："再细致的检查也可能有疏漏，再检查一遍并不多余。"孙敬愤怒地说："要检查你自己去，我不干了。"说完便离开了现场。

下属情绪激动时，如果试图和他讲道理，他可能会因为情绪激动而无法理智思考，导致沟通无效，甚至可能用愤怒的语言对管理者咆哮。这不仅会影响工作的进度，还会损害管理者的权威和形象。

黄可化是奋飞食品有限公司的总经理。由于公司刚成立不久，员工较少，黄可化对每个部门和员工都很熟悉。生产部的小李平时能言善辩，黄可化发现后，决定将他调到销售部。小李对此表示不满："我在生产部干得好好的，不想去销售部。"黄可化冷静地回应："你先去销售部试试，等心情平静了再来找我。"

两天后，小李来到黄可化的办公室，情绪已经平复。黄可化解释说：

"一个人可能看不到自己的优点,但别人可以从客观的角度发现。我认为你擅长交流和沟通,所以决定让你去销售部。"小李表示理解,并表达了对新岗位的喜爱。

对于因误解或不满而情绪激动的下属,管理者不应急于用道理说服他们,而应先让他们平复情绪,避免双方的直接冲突。等到下属情绪稳定后,再和他们进行沟通。

下属平复情绪后,管理者可以询问他们情绪激动的原因。在没有情绪的影响下,下属会平静地表达自己的想法。此时,管理者可以表示歉意,并解释自己决策的原因。通过这种方式,下属更容易接受管理者的决定,从而加深彼此的理解,促进团队的和谐。

以下是应对情绪化下属的几点注意事项,仅供参考。

1. 保持冷静

面对情绪激动的下属,管理者应保持冷静,避免情绪对抗,以免事态升级。

2. 给予时间和空间

给下属一些时间和空间来平复情绪,避免在情绪激动时进行深入的讨论。

3. 倾听和理解

在下属情绪稳定后,管理者应倾听他们的想法和感受,表达理解和关心,并适时解释自己决策的原因。

在职场中,理解和尊重每个人的情感,是构建高效团队的关键。身为管理者,一定要明白这个道理。

第八章

这7句话，绝对不能对下属说！

1 "听我的还是听你的"

在工作场合，管理者与下属之间的看法不一甚至截然相反是常有的事。下属提出建议时，如果管理者总是以"我是管理者还是你是管理者，听我的还是听你的"来回应，不仅会给下属留下不良印象，还会打击下属的积极性。

李辉是一位充满创意的设计师，他总能想出一些新奇的点子。因此，他加入了一家动漫形象设计公司。一天，公司赵总召集大家讨论新项目中的一个搞笑角色多比的嘴巴设计方案。经过一番讨论，赵总决定采用小嘴巴设计。这时，李辉提出了自己的见解："我认为大嘴巴的设计会更吸引人。"但赵总并未采纳，直接说："听我的，小嘴巴设计更好，这个不需要再讨论了。"李辉感到尴尬，只好坐下，心里很不是滋味。从此，他再也不主动提出意见，只是随声附和。

一个团队的活力源于成员之间的建议和意见的分享。只有鼓励团队成员积极思考，他们才能在解决问题时提出多种解决方案，从而选出最佳方案，有效解决问题，增强团队凝聚力，营造和谐的交流氛围。

倘若管理者高高在上，固执己见，不愿听取下属的意见，下属则会心生不满。这会导致团队内部不和谐，最终可能导致下属与管理者的沟通破裂。管理者听不到下属的声音，就难以获得好的方案，团队的作用也就无法发挥。

宋紫熙是环球数码销售部的经理，她以开放的态度听取下属意见而受到大家的欢迎。最近几个月，公司产品销量有所下滑，最高跌幅达到了5%。宋紫熙决定召集团队开会，寻求提高销量的方法。会议持续了几个小时，大家踊跃发言，但仍未找到有效的方案。就在宋紫熙感到不耐烦时，一名下属提出了线下校园促销的想法。尽管有些不耐烦，宋紫熙还是认真听取了这个想法，并积极参与讨论，最终采用了该方案。虽然当月销量只提升了1%，但这已足以证明方案的有效性。

面对下属提出的意见，管理者不应简单地以"听我的还是听你的"来回应。那么，管理者应该如何做呢？

1. 保持冷静，鼓励下属提出意见

在听取下属的建议时，管理者可能会因为长时间的讨论而感到烦躁。这时，管理者需要深呼吸，稍作停顿，平复自己的情绪。管理者可以说："你的建议很有创意，希望大家都能像你一样，积极提出意见。"这样的话语能够激励下属，提高他们的积极性。

2. 允许下属保留意见，再私下沟通

如果下属持续提问，可能会影响会议的进程。这时，管理者可以说："请你保留意见，等会议主题讨论完毕后，我们可以在我的办公室详细讨论。"这样既保证了会议的顺利进行，也让下属感到自己的观点受到重视。

3. 通报讨论结果，及时表扬下属

经过充分的交流和沟通后，管理者应通过会议的形式向团队公布结果，并表扬提出意见的下属："我们应该向某某学习，积极为团队贡献自己的力量。每个人的意见都是宝贵的，无论是否采用，都能为我们提供参考。只有这样，我们的团队才能不断进步。"

2

"你的想法很幼稚"

公司中人员变动是正常现象，新员工入职时对公司尚不熟悉，可能会提出一些超出他们当前能力范围的想法。面对这种情况，管理者如果简单地以"你的想法很幼稚"来回应，不仅会伤害新员工的自尊心，还可能扼杀他们的创造力和激情。

涂心是立新经贸公司的人事部主任，负责新人的培训工作。又到了毕业季，公司决定招募一批优秀毕业生。经过筛选，十名新人加入公司，并参与培训。在培训的第一天，涂心问大家："你们的理想是什么？"轮到一位高个子男生时，他自信地说："我想带领大家把公司发展得更好。"涂心却回应道："你的想法很幼稚，先适应公司环境再说吧。"

新人充满理想和热情，充满勇气和创新精神，这是值得鼓励的。正如俗话所说："初生牛犊不怕虎。"新人未经挫折，满怀信心地表达自己的想法和梦想。管理者的一盆冷水，不仅会让他们在同事面前感到尴尬，还可能打击他们的积极性。

管理者对下属说"你的想法很幼稚"的原因主要有两个：一是下属的想法与他们当前的能力差距较大，管理者可能从自己的经验出发，认为下属的想法不切实际；二是管理者可能过于自信，忽略了下属那些看似不可能却实则可行的提议。

联想公司发展过程中，柳传志和任正非的不同看法就是一个典型例子。柳传志认为公司应专注于软件，而任正非认为应坚持发展自己的硬件。但是，任正非的想法在当时被认为是幼稚的。他离开了公司，后来创办了华为，成为中国硬件行业的领军企业。

那么，管理者面对下属的想法，要如何做呢？不妨参照以下几点建议。

1. 不应轻易否定下属的想法，而应给予鼓励和引导

下属发表意见时，管理者可以说："你的想法很有创意，虽然现在看起来有些遥远，但也不是不可能实现。当前，你应该做好本职工作，一步一个脚印，我相信你的梦想一定能实现。"

2. 具备战略眼光，不应因自己的短视而否定下属的意见

管理者需要通过不断学习和积累来培养战略眼光。在这个过程中，管理者应该认真考虑下属的大胆想法，给予他们尊重，促进团队的积极沟通。

总之，管理者不应随意否定下属的想法，而应与他们积极沟通，为团队注入新的活力。这样，团队才能持续发展，拥有更加美好的未来。

3

"我真后悔把事交给你来办"

在工作中，每个人都可能会犯错，没有人能完美地处理好每一件事。因此，下属未能妥善完成任务时，管理者不应不问原因，直接责备说："你真是笨死了，这么简单的事都办不好，我真后悔把事交给你来办。"这种情绪化的言辞不仅不理智，还可能伤害下属，影响团队士气。

青青是利华办公用品制造公司的销售经理。公司已经营多年，拥有众多老客户。青青将老客户的日常采购和新品推销任务交给了小千。小千积极拜访每位客户，详细介绍新品，但因竞争对手提供更低的价格，许多老客户转向了竞争对手。

青青把小千叫到办公室，不满地说："你到底怎么回事？我让你维护的是老客户，你都做不好，我真后悔把这事交给你。"小千解释道："经理，我确实很努力，但竞争对手的价格太低，我无法说服客户。"青青却不听解释："你能力不足，却总是找借口，你这是在推卸责任。"小千无奈地说道："经理，如果你这么认为，我无话可说。我可能不适合这个岗位，我申请离职。"

下属犯错时，本就情绪低落，若管理者再发脾气，下属会更加自责，甚至怀疑自己的能力，可能不再主动沟通或承担任务，极端情况下可能会选择离职。因此，管理者言辞应慎重，避免冲动对公司造成的损失。

管理者应换一种方式与下属沟通，这才是解决问题的关键。

琦琦是目光服装设计公司的首席设计师。公司计划参加时装秀，她设计了一款长尾裙，并交给下属制作。不料，下属在熨烫时因温度过高损坏了裙子。琦琦询问原因，下属紧张地道歉。琦琦未加责备，反而灵机一动："别自责了，我们可以把整个尾部都设计成焦尾效果。"她将尾部全部烧焦，结果模特穿上后，赢得了观众的热烈掌声。

下属犯错时，管理者应该如何做呢？

1. 应及时提醒他们不要自责

自责和批评无法解决问题，只会增加负担。管理者应该说："不要自责，犯错后要主动承担，并积极想出解决问题的办法。面对困境也要坦然，没有什么过不去的。"这既是心态调整，也是对下属的鼓励，团结一心才能共同应对困境。

2. 不能过度纵容下属的错误

过度纵容可能导致严重后果。例如，一个人因母亲的溺爱和犯错不加以纠正，最终走上犯罪道路。因此，管理者应对下属的失误给予适当的警告或处罚："这次我不追究，但你要努力完成下一个任务，否则将一并处罚。"这样既能激励下属，又能体现管理者的大度和仁慈，获得下属的尊敬。

总而言之，管理者在面对下属的失误时，应通过有效沟通和合理指导，帮助下属成长，同时也能维护团队的和谐与进步。这样，才能构建一个积极向上、勇于创新的工作环境。

"你是干什么吃的!"

在职场中,管理者分配任务时,下属可能会表示不擅长某项任务,希望更换任务。这时,管理者若不问情由,直接斥责:"你是干什么吃的,这不会那不会,你会什么啊!"这种情绪化的回应不仅无益于解决问题,还可能伤害下属的自尊,影响团队的和谐。

孙菲菲是一家文化传媒公司编辑部的负责人,公司运营着30多个微信公众号,她手下有50个人,负责内容编写和发布。在一次分配任务时,孙菲菲对黄强说:"你负责编写情感类的文章。"黄强面露难色:"我不太擅长这方面,能不能换一个类型?"孙菲菲想了想说:"那就写心理类的吧。"黄强依然面露难色地说:"这个我也不是很擅长。"孙菲菲生气了:"你到底是干什么吃的,这也不会那也不会,你会什么啊!"黄强无奈回应:"我什么也不会,行了吧。"气氛顿时变得紧张起来。

职场中,管理者可能因为下属的不足而生气,下属也可能因为管理者的不理解而感到无奈。下属可能在心里埋怨:为什么管理者不能理解自己,为何要为一点小失误大发雷霆呢?作为管理者,应当认识到,随意发泄情绪,说出伤害下属自尊心的话,并不能解决问题,反而可能引发更大的团队矛盾。

导致管理者生气的原因可能是管理者未能了解下属的真正擅长之处,而将不擅长的工作分配给他们。下属提出更换任务时,管理者可能误以为下属能力不足,从而情绪失控,说出伤人的话。另一个原因可能是下属碍于面子,没有明确拒绝不擅长的任务,导致任务失败,而管理者只看结果,忽略了过程和原因。

在一次设计任务分配会议上,经理赵鑫没有直接安排任务,而是鼓励团队成员根据自己的专长来选择任务:"大家根据自己的长处,争取把这次任务完成得更完美。"每个人都根据自己的专长选择了任务,团队成员对这样的安排非常满意,最终顺利地完成了任务。

管理者分配任务时,下属可能会表达不擅长某项任务,管理者应如何做呢?

1. 不应责怪,而应寻找原因

管理者面对下属请求更换不擅长的任务时,不应责怪,而应寻找原因,及时解决问题。管理者可以说:"既然你觉得不擅长这方面,那你一定有自己的专长,不妨说出来,我看是否可以安排你做擅长的工作。"这样的沟通方式能够让下属感到被尊重,也愿意表达自己的长处。

2. 发现并发挥下属的优势

管理者应该像伯乐一样,发现并发挥下属的优势。正如千里马需要伯乐来认识和发挥其特长,管理者也应该努力寻找并发挥下属的优势,让团队里的每个成员都能在擅长的领域发挥最大的潜力。

3. 提醒下属注意,共同寻找解决办法

下属的任务未能达成或者工作中存在问题时,管理者也不应发泄情绪,而应询问原因,提醒下属注意,同时积极寻找解决办法。管理者可以说:"不要着急,静下心来思考原因,看看是否有挽回的可能。"这样能够帮助下属放松心情,重新思考问题,寻找解决办法。

总之,管理者要平等对待下属,通过了解他们的专长来分配任务。在下属未能完成任务时,应避免情绪化的言语;出现问题时,应及时沟通,找出原因,共同寻找解决办法。这样才能带领团队走向成功。

5

"还是我来做吧"

下属工作进度缓慢或出现错误时，一些管理者可能会脱口而出："算了，还是我来做吧。"尽管管理者的出发点可能是为了节省时间和成本，避免不必要的试错，但对下属而言，这样的言语可能传递出对他们能力的极度不信任，从而严重打击他们的积极性。

李英是某玻璃生产公司研发部的部长，而小希是她团队中负责小规模试验的成员。一次，李英交给小希一个新型玻璃的配方，并指示她进行小规模生产以测试效果。小希按照指示开始了工作，但初期并未能成功按配方生产出新型玻璃。几天后，李英来查看试产效果，发现生产尚未开始，便问道："怎么回事？配方在实验室已经验证过了，你怎么还没生产出来？"小希解释说："可能是环境或操作的差异导致的，我会尽快找出问题，早日投入生产。"李英却表示："看来我是高估你了，还是我来做吧。"

这次事件后，小希感到自己被李英轻视，认为没有得到展示自己能力的机会，便开始故意疏远李英，也不再认真对待李英布置的任务。

管理者直接说出"还是我来做吧"，不仅是对下属工作的否定，更是对其能力的不尊重。这样的行为容易引发下属的不满，破坏团队的和谐。团队内部一旦出现裂痕，修复起来将非常困难，最终可能给公司带来损失。

管理者应具备高超的沟通技巧，能够在任何时候给予下属心灵的慰藉和鼓舞。相反，如果管理者的沟通技巧欠佳，一句不当的言语就可能让下属心寒。在下属未能完成任务时,管理者不应一味责怪,而应理解他们已付出了努力,失败可能是多种因素的结果。

蔺梦贤是一家电脑组装公司的老板,负责为客户组装定制电脑。一次,公司显卡用尽,新订购的显卡尚未到货,此时公司接到了一个需要5台电脑的订单。蔺梦贤让下属去销售商那里临时购买5块显卡。由于下属刚到这座城市不久,费了很大劲也没找到显卡,只得回来报告说没有找到。蔺梦贤听后,没有简单责怪,而是说:"首先,遇到困难时应该及时询问,这是你需要改进的地方。其次,我了解你已经尽力了。最后,希望你尽快熟悉工作。"

下属未能完成任务,管理者应该如何做?不妨参照以下几点建议。

1. 给予适当的鼓励

面对下属未能完成任务时,应避免轻易说出"还是我来做吧"这样的话。相反,应给予下属适当的鼓励。例如,如果下属因产品定价问题导致销售未达标,管理者可以说:"虽然销售任务未完成,但你们的努力值得肯定。公司定价考虑了成本因素,我们相信高质量的产品经得起时间的考验。保持信心,继续努力,我们的产品未来一定会得到市场的认可。"

2. 区别对错,恰当处理问题

一个能够明确区分对错,并恰当处理问题的管理者,不仅能够消除下属的顾虑和自责,同时也能让下属受到鼓舞,继续努力,找到解决问题的方法,最终克服困难。

6

"干得了干，干不了走人！"

在管理过程中，面对下属面临艰巨任务时，一些管理者可能会以命令式的语气和威胁性的语言回应："我是管理者还是你是管理者，让你干就干，那么多废话。干得了干，干不了走人！"这种强硬的态度往往让下属感到不被尊重，甚至产生逆反心理。

李航是一家房地产开发公司的销售员，刚完成实习期并转正。在一次部门会议上，销售经理给李航下达了销售任务："你这个月的目标是卖出10套房子。"面对几乎不可能完成的任务，李航感到困惑和有压力："这怎么可能，我才刚刚转正，这个目标太高了，我实在做不到。"经理却以不容置疑的口吻回应："干得了就干，干不了就走人！"李航感到极大的不公和愤怒，最终决定离开。

命令式的管理风格，不仅会破坏团队的和谐，也可能引发下属的强烈不满甚至离职。没有下属愿意长期忍受一个刻薄和专横的管理者，这样的管理方式最终只会导致团队士气低落，效率低下。

管理者在分配任务时，若急于求成，不考虑下属的实际承受能力，很容易引起下属的反感和抵触。每个人都有自己的极限，适度的压力可以激发积极性，但过度的压力则可能导致反抗和不满。

对于管理者来说，"干得了干，干不了走人"这种表达方式是极不负责任的，缺乏深思熟虑。这样的话语只会激发下属的反抗情绪，对管理者自身也是不利的。那么，换一种表达方式，是否会产生不同的效果呢？

左鑫是飞云文化传媒的总编辑，田飞是公司的一名编辑。由于公司这个月接到的图书项目较多，每个编辑的工作量都增加了一倍。在一次会议上，左鑫鼓励大家："作为资深员工，大家都很优秀，这是有目共睹的，但我们也要警惕自我满足心理，它会阻碍我们的进步。所以，这个月，让我们来一场友好的竞赛，挑战自己，公司每天会公布工作完成量最少的员工。"这种正面的激励方式，激发了员工的积极性，最终项目提前完成。

"条条大道通罗马"这句话告诉我们，达到目的的方法多种多样。同样，不同的表达方式，也能达到相同的效果。管理者应注意以下几点。

1. 正面和反向激励相结合

管理者希望下属达成目标时，可以采取正面激励和反向激励的方式。例如，管理者希望下属提前 10 分钟到公司，可以这样说："明天请大家提前 10 分钟到，站在门口等待未到的同事。"这种方式既体现了对员工的尊重，又巧妙地激发了员工的自觉性。

2. 避免使用强硬的话语

管理者在与下属沟通时，应避免使用"干得了干，干不了走人"这类强硬且效果不佳的话语。通过对下属的正面激励和尊重，可以更好地激发下属的积极性，提高团队的凝聚力和工作效率。

7

"这件事你做不好"

有些管理者常常主观断言："这件事你做不好。"这种频繁的负面评价极易削弱下属的工作效率和自信心，给他们带来消极的自我暗示，让他们慢慢感觉自己能力不足。管理者的职责是激发而非扼杀下属的潜力，面对这种消极的管理者，下属最好的选择是保持距离。

小闪是一家公司的员工，工作勤勉尽责。起初，他对自己的职业生涯充满信心，但随着时间的推移，管理者的不断否定让他失去了自信，开始对未来感到迷茫。

有一次，小闪想要申请参与一个研发项目。他向管理者表达了自己的意愿，然而管理者对他说："根据我对你平时表现的观察，我觉得你无法胜任这个项目。你还是把精力放在目前手头上的事情吧。"

这样的回应让小闪再次遭受打击，开始怀疑自己的能力。

许多管理者习惯于压制下属，根据自己的判断对他们进行评价。"这件事你做不好"这句话，管理者应尽量少说，因为这可能对下属的职业生涯产生长久的负面影响。

下属听到"这件事你做不好"时，首先感受到的是失落。他们希望通过努力证明自己，却遭到管理者的否定，内心的失落感是显而易见的。这会直接影响他们的工作态度和效率。

长期下来，下属可能会质疑自己的能力。在公司工作多年后，下属希望挑战自我，向管理者提出承担新任务的请求，却遭到否定，这无疑会让他们怀疑自己的能力，思考自己这段时间的工作是否真的没有任何提升，是否无法满足管理者的要求。

一些能力很强的下属，由于职位较低，缺乏展示自己的机会，长期未得到认可。他们努力争取管理者的同意，却遭到反对，这会让他们对管理者和公司感到失望。如果一个地方无法提供展示才华的机会，他们可能会选择离开。对公司和管理者而言，失去这样的员工无疑是巨大的损失。

管理者应成为下属成功的助力，帮助他们承担起走向成功的重任。对下属来说，一句安慰和鼓励的话能激发他们的工作热情，促使他们更加努力地提升自己。

刘默刚进公司时非常胆怯，管理者交给他任务时，他总是需要别人陪同，担心自己犯错影响公司进度。实际上，他在合作中总是在纠正别人的错误。管理者逐渐意识到这名下属的能力，于是在一次重要任务中，拒绝了他要求别人协助的请求，并对他说："你要相信自己能够独立完成任务。我相信你能做到，加油，年轻人不拼搏，怎么对得起自己！"刘默听后深受鼓舞，没想到管理者如此信任他。于是他全力以赴，不断改进方法，提高工作效率，最终提前完成了任务。

以下是几点注意事项，仅供参考。

1. 多说一些鼓励的话

俗话说："事在人为，休言万般皆是命。"管理者应相信下属的能力，避免说出"这件事你做不好"这样令人沮丧的话。相反，应该学会说一些鼓励的话，如"你行的""你是最棒的"。这些简单而常见的话语，是下属最希望听到的，也是最能鼓舞人心的。

2. 发挥下属的长处

"众人拾柴火焰高。"管理者应让所有下属都发挥出自己的力量，增强团队的凝聚力，而不是只依赖少数精英。只依赖少数精英既不公正，也无法保证长远的成功。

第九章

管理者也要事事有回应!

1

站在下属的立场上，倾听才有效果

在公司中，下属与管理者之间因观点不同而产生摩擦是常有的事。若管理者此时能站在下属的立场上倾听，往往会取得意想不到的积极效果。

李梦是一家出版社的责任编辑，她总是提前20分钟到岗。某日清晨，她感到身体不适，便请了一天病假。第二天，她一到公司就被叫到办公室。管理者一见面就质问："你知不知道昨天是交稿日期？你知道这么不负责任的行为会给公司带来多少损失吗？"李梦急忙解释："我昨天生病了，但我的稿子已经编校完，提前两天就发您邮箱了。"管理者却不听解释，只是冷漠地说："不用解释了，出去吧。"

李梦满腹委屈地离开了办公室。她的稿子早已完成，管理者却因误会而发怒，这种"官架子"让她感到心寒。

下属未能完成任务，通常都会被管理者认定为失职而遭受责备。不过，身为管理者，即便真是下属的过错，也应适当安慰而非一味责备。这样下属才会更加信任和亲近管理者。

孙启在一家房屋装修公司担任设计师，公司业务繁忙，设计师们通常独立负责各自的项目。一次，孙启正忙于自己的项目时，同事路心请求帮忙："明天就要给客户交设计图了，我今天实在忙不过来，你能帮我一下吗？"孙启欣然答应了。

第二天，经理询问孙启进度："你这边设计图快交了，怎么才完成这么一点？有什么困难吗？需要帮助就告诉我。"孙启解释说："我昨天帮路心处理了一些工作,但我保证会在约定时间内完成,请经理放心。"经理鼓励道:"好,我相信你,加油。"最终,孙启按时完成了设计任务,并获得了客户的好评。

管理者站在下属的立场上倾听,给予安慰和鼓励,可以激发下属的工作热情,提高其积极性,进而高效地完成任务。

那么,管理者如何做到站在下属的立场上倾听呢?建议参考以下几点。

1. 平易近人

在工作中,管理者应展现出平易近人的一面。例如,下属迟到时,管理者可以说:"我有时也会迟到,没关系,下次尽量提早出发。"这样的话语会让下属感到温暖,更积极地投入工作。

2. 保持宽容

下属在新项目中犯错时,管理者应保持宽容态度,可以说:"万事开头难,犯错误在所难免,慢慢来。"

3. 多说鼓励的话语

"良言一句三冬暖,恶语伤人六月寒。"鼓励的话语能打开下属的心扉,让他们毫无保留地表达自己。

一位优秀的管理者离不开下属的支持。管理者必须学会站在下属的立场上倾听,这样才能赢得人心。人心齐,泰山移,团队才能走向成功。

2

不要轻易打断，让下属把话说完

下属在汇报工作时，管理者频繁打断不仅显得无礼，还会让下属感到不被尊重。因此，下属汇报工作时，管理者应保持耐心，不要轻易打断。

林莹是一家专卖古玩字画网店的客服。一天，她收到一位客户的投诉，声称收到的画作是赝品，并威胁要采取法律行动。林莹尝试解释，但客户坚持要求负责人出面解释。林莹立即向经理汇报："马经理，有客户反映我们卖出的一幅画是赝品。"话音未落，经理便打断她："我现在正忙，你去跟客户解释一下。这么小的事都处理不好吗？"林莹离开办公室，心想既然经理都不重视，自己也无须过多操心。她随意地继续与客户沟通，客户自然不接受，结果第二天便提起了诉讼。

管理者打断下属汇报这种行为，不仅显得不尊重人，还可能让下属误认为此事并不重要，甚至产生这样的想法：既然管理者都不重视，自己也不必全力以赴。因此，他们可能会选择敷衍塞责。这也会严重挫伤他们的积极性。在执行命令时，可能不再那么尽心尽责，甚至在工作中无意间埋下祸根。

这种情况的发生，容易导致管理者无法准确了解事情的全貌和内在逻辑，无法准确判断问题的严重性，从而做出不当甚至错误的决策。

作为管理者，无论下属汇报的是何种消息，都应耐心、完整地倾听。这既是对下属的基本尊重，也是做出明智决策的前提。只有全面了解下属的汇报内容，管理者才能精准把握问题的核心，从而制定出合理的应对策略，确保事情得到及时有效的处理。

李雷是一家房地产公司的执行项目总监。公司刚购得一块地，准备开发商品房。不久，下属匆忙汇报："不好了总监，我们的土地开发遇到问题了。"李雷安抚道："别急，慢慢说。"下属解释说，因为村民对赔偿不满，全村人阻拦施工。李雷冷静指示下属先撤回施工队，并安排与村民代表协商。他亲自前往现场，经过一番沟通，达成了协议，恢复了施工。

那么，管理者如何做到在听到坏消息时不打断下属汇报呢？建议从以下几点出发。

1. 暂放手头事务

下属报告坏消息时，管理者应暂时放下手头工作，专心听完。事情有轻重缓急，对下属反映的问题要认真倾听，以便及时采取措施，减少公司的损失。

2. 勇于承担责任

下属报告坏消息时，管理者不应推卸责任，而应承担起来，告诉下属："这件事我来处理，你协助我。"这样能增强下属的信心，也让下属因管理者的重视更加用心。

3. 保持冷静

下属报告坏消息时，管理者应保持冷静。这不仅能展现出管理者的气度，也能让下属敬佩管理者的沉稳，有助于解决问题。

通过以上做法，管理者可以更好地理解下属，做出明智决策，促进团队合作，推动公司发展。

3
不急于反驳，
听取下属的反对意见

"你不要说了，我觉得你的意见毫无价值可言。"这句话已经成为一部分管理者的口头禅。在职场中，下属提出反对意见时，管理者若急于反驳，不仅显得缺乏耐心，而且可能错失宝贵的反馈信息。

曹子言是一家商标设计公司的设计员。一次，公司承接了一个年轻运动装品牌的商标设计项目。在设计部的会议上，总设计师提出了时尚和健康的设计理念。曹子言却认为，应该以活力和激情为核心。他提出自己的见解时，总设计师却立刻打断他："你的想法不成熟，按我的方案来。"这令曹子言十分难堪，其他同事也不再提出任何异议。最终，总设计师的方案并未获得客户认可，重新设计时，团队却因缺乏创新而陷入困境。

管理者若不能听取和接受下属的反对意见，不仅会让提意见的人感到受挫，还可能导致团队沟通不畅，使团队缺乏创新能力。

李欢是轮胎制造公司的设计员，参与公司新品的设计工作。在一次新品设计项目中，团队倾向于设计省油轮胎。然而，李欢提出了不同看法："未来生活将更加注重舒适性，我们的产品设计应聚焦于降噪。"设计总监认真听取了她的意见，并查看了她提供的市场调查数据。最终，设计总监采纳了她的理念，推出的轮胎在市场上取得了巨大成功。设计总监也因善于倾听下属意见而受到公司高层的认可，并晋升为产品战略经理。

听取下属的意见，不仅可以为管理者提供有价值的参考和讨论方案，也能鼓励整个团队积极参与，提升大家的热情和投入。在处理任何事务时，管理者都应认识到，每个人都会有自己独特的视角和见解。这些不同的看法往往蕴含着宝贵的创新思维。奥斯特洛夫斯基曾说："不管一个人多么有才能，但是集体常常总比他更聪明和更有力。"

那么，管理者应如何正确对待下属的不同意见呢？可以参考以下几点策略。

1. 摒弃自负，客观评价下属能力

每个人擅长的领域不同，管理者应尊重并倾听下属的意见，客观做出评价。

2. 认真倾听，不急于反驳

下属提出不同意见时，管理者应鼓励而非立刻反驳，可以说："很高兴你能提出意见，我会认真考虑的。"这样的话语能够鼓励下属，增强他们的自信心。

3. 表扬提出异议的下属

提出问题往往比解决问题更具挑战性。管理者应认可下属的异议，如："感谢你的建议，这非常有价值，我会纳入考虑。"这样的正面反馈能够激励团队成员更加积极地为团队贡献力量。

总之，管理者不应急于反驳下属的不同意见，而应积极倾听、研究并参考。这样不仅尊重下属，还能促进团队的团结，激发团队成员为公司的发展贡献自己的力量。

提高引导下属说出真心话的提问能力

在工作中,下属可能因种种考虑而隐藏自己的真实想法,有时甚至在压力下说出违心的话。管理者若想听到下属的真心话,就需要运用一些提问技巧,引导下属表达内心的真实声音,从而实现有效沟通。

齐佳是一家耐火材料公司的研发主管,拥有15年的行业经验。某天,她接到任务,需要为一家工厂的加热设备研发新型耐火材料。她迅速制定了方案,并组织研发部门进行讨论。会上,她详细介绍了自己的方案,并询问小溪:"小溪,你觉得这个方案怎么样?"小溪回答:"我同意。"会后,有同事好奇地问小溪:"你昨天不是还对方案有异议吗?怎么不提出来呢?"小溪无奈地说:"昨天主管的态度那么强硬,我说出来只会让自己难堪。"

管理者的态度对下属表达想法有着很大的影响。如果管理者表现出高高在上的姿态,下属很可能出于满足管理者的虚荣心而说出违心的话。这会让下属感到沮丧,因为他们的真实想法无处倾诉。

公司中的每个成员都应该参与到决策过程中,这样才能形成一个团结的整体。"团结就是力量",如果公司决策只是由少数管理者说了算,那员工的参与感和价值感将无从体现。管理者也是从基层一步步成长起来的。他们通过参与公司的发展和贡献自己的力量,得到了上级的认可。

管理者应平等而诚恳地询问下属的意见,并引导他们说出真心话,这有利于交流和探讨。提问的能力往往决定了能否让下属坦诚表达,因此,优秀的管理者不仅要有诚恳的态度,还需要有巧妙的提问能力。

华西是一家软件测试公司的经理。最近,公司接到了一批软件测试项目。李起是负责这项工作的测试员,但因家里出了点事,他的心情很差,导致工作频繁出错。华西得知情况后,决定找李起谈谈。在办公室里,华西温和地问:"你来公司多久了?"李起答道:"大约三年了。"华西继续问:"你工作一直很认真,但是最近你的状态不太好,是不是身体不舒服?"李起坦诚地说:"不是身体问题,是家里出了些事,但我会尽快解决。"华西鼓励他:"那就好,我相信你能处理好。"几天后,李起调整好了心态,恢复了正常的工作状态。

下属不愿意说出心里话时,管理者需要运用巧妙的提问技巧,让他们愿意坦诚表达。以下是一些有效的方法。

1. 抓住问题的核心

了解事情的核心是解决问题的关键。管理者需要通过询问其他同事,了解下属的情况,从而把握他们的真实想法。

2. 给予安慰和鼓励

下属鼓起勇气说出真心话时,管理者应给予他们安慰和鼓励,这样在下次提问时,他们会更轻松地表达自己。

通过提升提问能力,管理者能更好地了解下属,最终团结整个团队。

5

问题越具体，
下属回答越省力

在管理者与下属的交流中，提问的方式会直接影响回答的质量和沟通的效率。管理者提出的问题越具体，下属回答起来就越省力，沟通也就越顺畅。

赵吉和李全是一家出版公司的封面设计总监和副总监。有一天，公司需要为一本励志书籍设计封面，设计部门迅速召开会议讨论方案。赵吉询问设计师小陈："你觉得这个封面应该怎么设计？"小陈提出了多种设计思路，但最终没有明确表达自己的观点。

随后，李全请求赵吉暂停，让他来提问："大家认为励志书的封面主色调应该选择淡蓝色还是红色？"大家一致认为淡蓝色更合适。李全继续问："封面图案，是奔跑的人还是刚越过悬崖的人更能体现励志主题？"大家选择了后者。通过这样的具体问题，团队很快确定了设计初稿。

问题的难易程度决定了人们回答的速度。面对简单明了、具体细致的问题，人们往往能够迅速且自信地给出答复。然而，问题变得复杂模糊时，回答者就需要投入更多的时间和精力去思考。这种情况下，人们常常会选择先易后难的策略。这种做法有时会浪费时间，甚至可能使答案偏离了问题的核心，忽略了最重要的信息。

那么，作为管理者，在向下属提问时，应如何使问题更加具体明确，从而让下属能够更轻松地回答呢？以下是一些建议。

1. 明确问题的核心

一个优秀的管理者需要具备深入思考问题的能力，能够洞察问题的本质，并准确地抓住关键点。诺基亚创始人在公司衰败后反思说："我们并没有做错什么，但不知道为什么，我们输了。"这句话深刻揭示了诺基亚未能及时洞察市场变化的弊端，最终导致了公司的衰败。因此，管理者在提问前，必须先对问题进行深入剖析，明确问题的关键点，以便为下属提供明确的方向。

2. 将问题分解为小问题

在造船厂，大型船只的建造需要分阶段、分部分进行。同样，管理者在提问时，应将问题分解为几个小问题，降低问题的难度，使下属更容易理解和回答。例如，如果公司想要设计一款新型学生课桌，管理者可以将这个大问题分解为关于课桌的外观、使用材料以及目标用户群体等若干小问题。这样，下属就可以针对每一个具体问题进行详细回答，从而提高工作效率。

3. 精简语言，确保易于理解

简洁的语言更易于被听者理解和接受，也更有利于信息的传递和交流。就像公司的口号一样，简洁明了才能让人印象深刻，便于记忆和传播。因此，管理者在提问时，应尽量避免使用复杂冗长的句子和晦涩难懂的词汇，而是要用简练的语言表述问题，以便下属能够快速理解问题并做出相应的回答。

通过提出具体、明确、简洁的问题，管理者可以有效提高与下属之间的沟通效率。这种高效的沟通方式将有助于团队成员之间更好地协作和配合，共同推动工作的顺利进行。

6
下属汇报坏消息，不要急于训斥

在工作实践中，不少管理者一听到员工汇报坏消息，往往会情绪失控，立刻进行训斥："你是怎么做事的？""这么简单的事都做不好，你太笨了。""真是废物。"……这样的反应，使管理者的情绪得到释放了，但并不能解决问题。

实际上，许多坏消息是由于工作上的失误造成的，但这并不意味着没有挽回的余地。坏消息固然令人不悦，但如果管理者只顾发泄情绪，急于责备员工，而不思考解决问题的方法，这不仅对团队无益，还可能扩大损失，影响员工对团队的认同感，疏远彼此的关系。

林海生是个脾气火暴的人，一言不合就可能与人发生争执。他刚当上经理时，员工向他汇报坏消息，他总是忍不住要发火，甚至拍桌子骂人。记得有一次，一位新员工填错了报表，林海生愤怒地撕毁了报表，并责骂那位员工："我怎么会招你这样的人进来！"新员工因无法忍受这种羞辱，第二天就辞职了。林海生因此受到了总经理的严厉批评，指责他不懂管理。虽然他当时并不服气，认为自己是在帮助员工纠正错误，但随着时间的推移，他逐渐意识到总经理的话是正确的。

如今，林海生已经不再随意训斥员工。面对坏消息，他总是耐心地询问原因，因为他明白，对已经发生的错误进行训斥是没有意义的。

很多管理者没有分清"批评"与"发火"的区别，错误地认为大声呵斥和愤怒地拍桌子也是批评。然而，实际上这是"发火"。这种行为不仅不能解决问题，还可能伤害人际关系，对团队的发展毫无益处。面对员工的坏消息，管理者应尽量保持平和的心态。

职场中的每个人都是成年人，都有强烈的自尊心。管理者的训斥和责骂往往会给员工带来较大的伤害，最终可能导致员工与管理者之间产生隔阂，影响团队的凝聚力。

此外，员工向管理者汇报坏消息，往往也包含了求助的意图，希望管理者能为他们指明方向。如果管理者只是一味地发火，将严重打击员工的积极性，使他们逐渐疏远管理者，不愿与管理者交流。

总之，作为团队的管理者，应具备足够的胸怀和耐心，不要一听到坏消息就大发雷霆。否则，我们可能会失去员工的支持和亲近，最终被孤立，导致工作任务不好安排，工作效率低下，甚至被淘汰。

那么，在面对坏消息时，管理者应如何行动呢？

1. 耐心听完汇报

即使消息再糟糕，管理者也应耐着性子听完员工的汇报。耐心倾听不仅是对员工的尊重，也是管理者素质的体现。许多管理者一听到坏消息就产生负面的情绪，这不仅显得不沉稳，还可能让自己在愤怒中做出错误的判断。

2. 与员工一起找原因

聪明的管理者在听到坏消息时，首先会表示安慰，然后探寻失败的原因。这并不是纵容员工，而是一种智慧。如果员工一汇报坏消息就遭到责骂，他们可能会选择隐瞒。这对团队来说是极其危险的。

3. 给员工纠正错误的机会

许多管理者喜欢以一次的成败来评价员工，员工一旦犯错就立即处罚，不给他们改正的机会。这种做法是不可取的。管理者应允许员工犯错，并鼓励他们从错误中汲取经验，这样员工才会更积极地工作。

员工汇报消息是与管理者进行信息交流的重要方式，管理者可以通过这种方式了解团队的真实情况。在这个过程中，信息的真实性比消息本身的性质更为重要。为了保持这份真实，管理者必须具备足够的容忍力，敢于面对负面消息。

7

听的同时主动提问，
以掌握更多信息

在人际交往中，倾听是获取信息的基本方式，但要想深入了解情况，我们还需要在倾听的同时主动提出问题。在工作中，管理者对下属的倾听同样重要，而且及时的提问能够帮助他们获得更多有用的信息。

祝棋作为玩具制造厂的生产总监，面临着制造一批益智类玩具的任务，于是他派遣下属组成调研组进行市场调研。

不久后，调研组便返回并向他提交了报告。在听取报告的过程中，祝棋发现报告内容似乎并无特别吸引人之处，思绪不禁飘到了昨天朋友与他约定的那件事上。然而，他并未意识到自己的分心。刘云注意到祝棋似乎并未全神贯注地聆听，便简明扼要地汇报了关键的调研结果。

次日，祝棋将刘云叫到办公室，询问她："最近市场上是否有其他厂商推出了类似的产品？""目前尚未发现，据我们所知，同行尚未开始研发此类产品。"刘云回答道。祝棋听后点了点头，"好，这样我们就可以充分发挥我们的优势了。"随后，他又提出了几个问题。

事后，刘云向同事们抱怨道："本来在报告会上就可以解决的问题，非要等到第二天再找我，真是麻烦。"刘云渐渐地对祝棋的工作态度产生了不满。

下属向管理者汇报时，如果管理者显得高高在上、心不在焉，不仅会忽略报告中的细节，还会影响下属的积极性，导致他们只读报告而缺乏个人见解。这样，管理者就无法抓住报告的核心，也无法参考下属的意见，可能会导致判断错误并造成损失。

李新宇是一名房屋装修设计师，他的得力助手负责测量房屋实地数据及调查客户需求。

某日，助手将调研结果汇报给李新宇。在听取汇报时，李新宇细致地询问："房屋的主人是否有一些特殊的要求？或者房屋的主人有没有特别的爱好和兴趣需要我们在设计中体现出来？"然而，由于助手在初次调查中并未了解得十分全面，因此对于李新宇的某些问题未能立即给出答复。

于是，次日清晨，助手便早早前往客户处进行进一步的调查和了解。返回后，他详细地将新的调查结果汇报给了李新宇。李新宇就设计思路与助手进行了深入的交流，助手也尽己所能地分享了自己的想法。

最终，设计方案既合理又符合客户的心意，客户对此表示非常满意。更重要的是，这次合作让助手与李新宇之间的关系更加融洽。助手不仅积极发表意见，还能全程参与到项目中，从中学习到了许多宝贵的经验。

倾听并主动提问是下属与管理者沟通的重要方式。通过认真倾听和及时提问，可以激发双方的积极性，使管理者能够从下属的话中获取更多信息，为未来的决策提供支持。

要做到有效提问，管理者需要放下身份，以聆听者和探索者的身份参与交流。设身处地地认真倾听，才能有切身体会。有疑问时，要以探索者的身份，用好奇心引导，提出问题。下属在回答问题时，如果发现自己的能力不足，将会更加努力，以期在未来能够给出满意的答案。

那么，管理者如何做到在倾听的同时主动提问呢？以下是一些具体的方法。

1. 保持专注和尊重

在倾听下属汇报时，要保持专注和尊重的态度，认真听取下属的意见和建议，不要随意打断下属的发言或表现出不耐烦的情绪。

2. 及时提出疑问

下属汇报的内容涉及关键信息或自己不太了解的内容时，要及时提出疑问并请下属进行解释和说明。这有助于更好地了解项目的进展情况和存在的问题。

3. 鼓励下属发表意见

在倾听的过程中，要鼓励下属发表自己的看法和意见。下属提出自己的看法时，无论是否正确，都要给予肯定和鼓励。这有助于激发下属的积极性和创造力。

4. 善于引导下属思考

下属对某些问题不太清楚或无法回答时，要善于引导他们去思考并寻找答案。这不仅可以提升下属的工作能力，还可以让他们更加深入地了解项目的需求。

通过掌握以上沟通技巧，管理者可以更好地推动项目的进展并带领团队一起走向成功。

第十章

沟通中,信息流失是大忌!

1 为什么任务布置后，总有人执行不到位

在职场中，我们常听到管理者发出这样的质问："为什么没有执行我的命令？"安排了任务，却总有人执行不到位时，管理者常常会感到愤怒，而下属则可能会感到委屈。这种执行不力的情况并非单一原因所致，而是由多重因素共同作用的结果。

蔡家西是一家电商公司的老板。新年伊始，他决定设定一个新的目标：店铺的销售额能提升到一个新的水平。在全体员工会议上，他满怀激情地说："新的一年，让我们的销售额突破200万元，大家有没有信心？"员工们齐声回答："有。"然而，会议结束后，大家依旧按照以往的工作态度行事，似乎老板的目标并未引起他们的重视。

员工没有理会管理者的目标，问题并非完全出在员工身上。作为公司的管理者，蔡家西在提出目标的同时，并没有给出具体的实施方案。他只是设定了一个销售额的目标，却没有告诉员工应该如何去实现这个目标。没有明确的路径和方法，员工自然会感到迷茫和无助，从而导致热情不高，执行力下降。

除了缺乏具体的实施方案外，没有明确的任务分配也是导致执行不到位的一个重要原因。如果管理者只是给出一个总体的目标，而没有将任务明确分配到每个下属身上，那么每个人会不清楚自己的职责。这种不确定性会导致工作效率低下，甚至出现工作重叠或遗漏的情况。

此外，即便有了具体的实施方案和明确的任务分配，如果没有良好的奖励机制，也无法保证员工会尽心尽力地去执行。人们总是希望自己的工作能够得到应有的回报，这种回报可以是物质上的奖励，也可以是精神上的认可。如果管理者能够设立一个明确的奖励机制，让员工看到自己的工作成果与回报之间的联系，那么他们的积极性将会被大大激发出来。

顾晓晴是一家汽车制造厂华北区的总经理，她面临着一个艰巨的销售任务：完成10万辆车的年销售量。然而，她并没有被这个数字吓倒。相反，她迅速召集团队商讨具体的实施方案，并决定线上线下同步推进销售策略。她不仅明确了销售部门的具体目标，还设立了相应的提成机制以激励员工。结果，在短短几个月内，他们就超额完成了销售任务，员工们也获得了应有的奖金和提成。

这个案例充分说明了制定具体实施方案、明确任务分配以及设立奖励机制的重要性。管理者给出了明确的目标和实施方案后，员工们就知道自己应该做什么、如何做以及做了之后能得到什么回报。这样一来，他们的积极性和执行力自然会得到提升。

那么，作为管理者，如何实现与下属的有效配合，提高任务的执行力呢？以下是一些有效的方法。

1. 制定具体的目标

这个目标不仅要明确、可衡量，还要能够激发团队的激情和动力。就像马云为淘宝网设定的目标一样，他希望通过这个平台让中小企业赢利。这个目标既具体又富有挑战性，因此能够吸引大量的人才和资源投入其中。

2. 给出具体的实施方案并明确任务分配

一个好的执行计划能够让每个人都清楚自己的职责和任务要求。例如，管理者可以告诉员工："今年我们需要读10本与行业相关的书籍来提升专业素养。"这样的指令比"提高交际能力"等模糊的目标更具体、更易执行。

3. 设立明确的奖励机制

人们总是希望自己的工作能够得到应有的回报。合理的奖励不仅能够激发员工的积极性，还能够增强团队的凝聚力和向心力。在战国时期，孟尝君之所以能够吸引众多门客为他出谋划策、赴汤蹈火，在很大程度上是因为他善于通过奖励来激发门客的积极性和忠诚度。

总之，要减少任务执行不到位的情况，管理者就需要制定合理的目标，传达具体的实施方案，并设立明确的奖励机制。这样，才能提高团队的执行力。

2 建立平等的关系是有效沟通的前提

在公司中，管理者与下属之间的有效沟通至关重要。只有营造一个良好的沟通环境，信息才能在上下级间顺畅传递。而建立有效沟通的基石，是双方关系的平等。

李佳玉是一家玻璃生产公司的生产部主管，负责管理采购和设计部门。一次，因设计部员工离职和工作繁忙，李佳玉决定从采购部调派老员工前去支援。她找到王昕说："设计部现在缺人，你被调到设计部工作，交接完手头任务就去报到。"王昕表达了自己的担忧："我对设计不熟悉，担心无法胜任。而且最近家里有事，恐怕无法适应设计部经常加班的工作节奏。"李佳玉回应："这是我的决定，你应该服从。而且我相信你能克服困难。"王昕无奈接受了安排，但从此时起，她与李佳玉的关系变得紧张起来。

这种居高临下的态度，使得下属难以与管理者沟通。正如美国现代管理理论之父切斯特·巴纳德所说，管理者的基本职能是发展和维护一个畅通的沟通渠道。团队的和谐与有效交流，依赖于管理者为下属提供的沟通渠道。若缺乏这一渠道，便难以达成和谐满意的成果。

管理者若忽略或不能听取下属的意见，不仅是对下属的不尊重，还会导致下属产生抵触情绪，不愿与管理者交流。长此以往，管理者将逐渐失去权威。

此外，不给予下属思考的时间也是不合理的。思考是做出理智选择的过程，没有经过思考就做出的决定可能是武断的，甚至是情绪化的。因此，给予下属一定的思考时间，让他们能够权衡自身利益和管理者意见的合理性，是十分必要的。

吴翔是一家上市公司的策划部部长，公司计划组织一场大型活动，需要一份策划方案。吴翔将任务交给了李志和王平。两人很快提交了各自的方案。吴翔审阅后，决定采用王平的方案。李志对此感到不满，找到吴翔表达了自己的不满。吴翔平静地回应："你的方案同样出色。选择王平的方案是因为它更易于执行。团队中存在竞争是好事，能促进每个人成长。不论选择哪个方案，团队的成功，功劳属于每一个人。希望你能理解。"李志经过思考后，接受了吴翔的决定，并表示支持。

建立一个合理平等的沟通渠道，是团队成员之间互相理解和支持的关键。那么，如何建立平等的关系，使沟通更有效呢？管理者需要做到以下几点。

1. 肯定下属的成绩，拉近彼此距离

管理者应当适时地肯定下属的工作成果与努力。一句简单的赞扬或鼓励，便能极大地拉近与下属的心理距离。这种正面反馈不仅是对其工作的认可，更是一种精神上的鼓舞，有助于在团队内部营造一种平等、尊重的氛围。

2. 听取下属的意见

为了更好地团结团队，管理者需要俯下身来，真诚地倾听下属的意见和建议。这不仅能让每个团队成员感受到自己的声音被重视，还能帮助管理者更全面地了解团队的实际需求和潜在问题。

通过有效倾听，许多因误解而产生的冲突和障碍都能得到及时化解。

3. 给下属思考的时间

在面对团队内部的变动或重要决策时，管理者应给予下属足够的时间去思考和适应。这种缓冲期不仅能让团队成员更好地权衡个人利益与团队目标，还能促使他们更深入地理解并接受即将到来的变化。这样，决策真正落地时，团队内部的抵触和不满情绪将会大大减少。

平等的关系和高效的沟通机制利于团队成员之间的相互理解，共同推动着团队向着更加成功的方向迈进。这不仅有助于提升团队的凝聚力和执行力，还能为团队的长远发展奠定坚实基础。

3

沟通前的准备——了解沟通对象

在商业竞争中，公司若将另一家公司作为竞争对手，会进行深入的了解和调查，以便制定有效的策略。同样，在公司内部，管理层与不同部门沟通前也需要精心策划，深入了解沟通的对象。

王继席凭借自身努力成为一家陶瓷生产厂的经理。然而，他对厂内许多部门的具体情况并不熟悉。通过审查销售数据，他发现一款家用地板砖销量极佳，便决定将该产品的月产量提高两倍。

王继席找到生产部部长，说："据我了解，有一款地板砖销售状况良好，我要求你们将这款地板砖的产量提高两倍。"部长回应："这不太现实，增加产量会导致员工加班时间延长，而且我们没有相应的生产计划，我不同意。"王继席坚持："方案已经提交给厂长，你们要克服困难，按时完成任务。"尽管最终产量翻倍，但王继席与生产部部长的关系变得紧张起来。这主要是因为王继席在沟通之前没有充分了解生产部部长的性格和生产部门的实际情况、能力。

在与下属的沟通过程中，如果管理者仅凭主观看法做决定，而不考虑具体目标和下属的实际情况，往往会导致沟通失败，还可能引起下属的反感，引发不必要的争执。

胡怀民是一家公司的经理，李绩是公司一名普通员工。李绩自加入公司起就住在公司公寓。由于公司业绩不佳，高层决定出售公寓以支持公司发展，胡怀民负责通知员工。他没有直接命令李绩搬离，而是通过同事和走访了解到李绩家庭的特殊情况。胡怀民向上级申请给予李绩每月一千元补助,并在得到批准后通知了李绩:"公司决定出售公寓,你需要在三天内搬离。"李绩表达了自己的困难:"搬离后我们一家五口将无处居住,希望经理能够理解。"胡怀民回答:"我已经了解到你的困难,并向公司为你申请了每月一千元的补助。"李绩接受了这一安排,并表示会按时搬离。

李绩对胡怀民的做法表示认同和支持,因为他提前了解了情况并给予了帮助。这让李绩更加尊敬和佩服胡怀民。

有效沟通是一门艺术,它不仅仅是单纯的语言交流,也包括了对沟通对象的深入了解。如果做不到这些,则很容易在沟通中引起对方的误解,甚至带来不必要的冲突。因此,在开启任何一次重要的沟通之前,了解沟通对象都至关重要。那么,管理者该如何全面了解沟通对象呢?以下是一些实用的方法。

1. 借助同事的视角

同事在日常工作中相处时间最长,他们之间的合作和互动能为管理者提供宝贵的观察角度。通过与其他同事交流,管理者可以了解到下属的工作态度、技能水平以及团队协作能力等多方面的信息。

2. 倾听直属管理者的评价

直属管理者通常具有更全面的视角和更丰富的管理经验。他们能提供更为客观的评价,帮助管理者避免因为与下属关系过于亲密而产生的主观偏见。直属上司的评价往往能更准确地反映下属的实际工作情况和能力水平。

3. 直接观察下属的工作表现

管理者可以通过实地观察下属的工作环境、工作流程以及工作成果,以便更直观地了解他们的专业技能、工作态度和团队协作能力。这种直接的观察往往能提供更具体、更生动的信息。

4. 查阅下属的工作资料和记录

查阅下属的工作报告、绩效评估、培训记录等文件资料,也是了解沟通目标的有效途径。这些资料能反映下属的工作历史、成长轨迹以及潜在的发展空间。

5. 进行一对一的初步交流

在正式沟通之前,管理者可以与下属进行一对一的非正式交流,了解他们的期望和职业规划。这样的交流有助于管理者更准确地了解下属的心理状态和需求。

通过以上多元化的方法和步骤,管理者可以更加全面、深入地了解沟通对象,从而制定出更为精准、有效的沟通方案。了解沟通对象不仅能促进双方的理解和信任,还能极大地提高沟通效率,为构建和谐的团队氛围奠定坚实基础。

4 明确表达自己的意思

在职场中,管理者向下属交代任务时表达的清晰度至关重要。若表达含糊,下属可能因敬畏而不敢询问,导致工作方向迷茫。因此,管理者需明确表达自己的意图,以避免下属不解。

杨熙欢是瑞德化妆品有限公司市场调研组的组长。公司的一款新产品上市已有一段时间,经理希望了解消费者对该产品保湿效果的满意度,便将这一任务交给了杨熙欢。她随即召集调研组成员,下达了调研任务:"你们去调查一下消费者对我们新上市产品的满意度。"调研组迅速行动,收集了大量数据并整理后交给了她。

然而,杨熙欢在审阅数据时感到困惑,因为大部分反馈都是关于产品的美白、防晒效果,对于保湿效果的反馈却寥寥无几。

这个事例表明,管理者在表达时必须明确自己的意图,以免造成误解。如果表达不明确,下属将难以把握重点,可能会根据自己的猜测去执行任务,最终可能导致工作成果与管理者的初衷相悖。

因管理者表达不清而导致下属工作成果不符合预期时,不仅管理者会失望,下属也会感到无奈,因为他们确实是按照管理者的指示去做的。这种情况会导致管理者对下属的能力产生怀疑,下属因害怕管理者责怪而不敢沟通,形成恶性循环。

为了避免上述情况发生,管理者在表达自己的意思时,可以参照以下几点建议。

1. 明确目标与核心要点

在传达任务前，管理者应首先明确自己期望达成的具体目标，并围绕这一目标梳理出核心要点。在沟通过程中，要突出重点，避免过多涉及无关紧要的细节，以免造成信息的混淆。

2. 交互式确认理解

在传达完任务后，管理者可以通过提问的方式，确认下属是否准确理解了任务要求。这种交互式的确认不仅能够及时纠正理解上的偏差，还能增强下属的责任感和参与感。

3. 锤炼个人表达能力

管理者的表达能力直接影响着团队的执行效率。通过阅读不同类型的书籍，管理者可以汲取丰富的词汇和表达方式。同时，多参与公开演讲、辩论等活动，则能在实践中不断磨炼自己的语言组织能力和应变能力。

4. 采用多样化的沟通方式

除了传统的口头和书面沟通外，管理者还可以尝试利用图表、流程图等视觉辅助工具来清晰地展示任务流程和关键节点。这种直观的表达方式有助于下属更快速地把握任务的重点。

总之，管理者的清晰表达能够减少沟通中的信息流失，有效传达任务要求，使团队运作更加高效，提升整体工作效率。通过不断学习和实践，管理者可以提升自己的沟通能力，更好地引导团队向着共同的目标前进。

5

电话、网络、面对面……
选择合适的沟通渠道

在当今多元化的沟通时代，管理者向下级传达任务有多种途径，如电话、网络、面对面交流等。这些方式有效解决了传统沟通效率低下的问题，使得管理者与下属之间的沟通变得更加迅速和便捷。

薛伟是立彩地产开发公司的项目经理。一个项目即将提交进展报告，他需要在后天向管理者汇报。于是，他通过电子邮件给施工总监李旭下达了指令："请在今天下午下班前，将施工情况详细报告发至我的邮箱。"然而，李旭当天正好在施工现场指挥，未能及时查看邮件。第二天，他看到邮件后迅速完成了报告并发送给了薛伟。薛伟匆忙地将报告递交给管理者，并驱车前往施工现场。一到达现场，他就责问李旭："我让你昨天下午发报告，为何今天才发？你到底是怎么想的？"李旭解释道："我昨天在一线施工，没看到邮件，今天上午一看到就立刻完成报告发给你了。"薛伟却不买账："这听起来像是借口。"李旭辩解道："施工的同事们可以证明。"薛伟打断他："我没空听你解释，以后注意。"

这个事例凸显了选择恰当的沟通方式的重要性。如果沟通方式不当，下属可能无法及时接收到信息，影响信息传递的时效性。对于不紧急的事项，延时接收信息影响不大。但对于紧急事项，信息接收不及时可能造成团队的工作进程缓慢，工作效率低下，导致双方相互指责，推卸责任，从而影响团队的凝聚力。

恰当的沟通方式不仅能够避免误解，还能加深下属对管理者的尊敬和感激。例如，下属因病住院时，管理者打电话或发消息慰问是一种关怀，而亲自到医院面对面安慰和鼓励，则会让下属感受到更深切的关心，从而对管理者产生更深的感激之情。

邢铭是一家无人机制造厂生产部的主管，他对下属的关怀众所周知。在一次生产过程中，由于操作失误，小奇错误地将不同型号的零件安装在了无人机上，导致客户反馈产品存在问题。调查后发现是小奇的责任。小奇本以为会受到严厉的批评和罚款，但出乎意料的是，邢铭没有立即做出处罚，而是将他叫到办公室，温和地询问原因。小奇承认了自己的疏忽，邢铭则表示："既然认识到错误，以后要注意。你平时表现不错，这次就不处罚了。"小奇对主管的宽容和理解很是感激，此后工作更加认真，再未犯过类似错误。

如何选择合适的沟通方法，避免因方式不当带来的不必要麻烦，管理者可以参考以下几点。

1. 根据事项紧急程度与重要性分类沟通

对于紧急且重要的事项，如突发问题或需要迅速响应的情况，应优先选择电话或即时通信工具进行沟通，以确保信息能够迅速且准确地传达。对于非紧急但重要的事项，如项目计划、长期策略等，可以选择电子邮件或会议形式，以便更全面地讨论和规划。

2. 认识到面对面沟通的独特价值

面对面沟通在传递情感和建立信任方面具有无可替代的优势。需要表达关心、提供支持、进行鼓励或解决冲突时，面对面的交流能够让双方更好地理解彼此,加深情感联系。此外,面对面的头脑风暴会议也是激发团队创新和协作精神的有效方式。

3. 利用现代科技提升沟通效率

使用项目管理软件或协同工作平台,可以实时更新任务进度,减少因信息不同步而造成的误解和延误。视频会议工具则适用于远程团队,它能够模拟面对面沟通的环境,增强团队的紧密性。

4. 注重文字沟通的清晰与准确

使用邮件或文字信息进行沟通时,务必确保信息清晰、简洁且具体。避免使用含糊不清的语言,最大限度减少误解。对于重要的信息或协议,可以在邮件或消息中进行确认,以确保双方对内容达成共识。

5. 倾听与反馈同样重要

无论选择何种沟通方式,管理者都应保持开放心态,积极倾听下属的意见和建议。这不仅能够提升员工的归属感,还能帮助管理者更全面地了解团队状况。及时给予下属反馈也是有效沟通的关键。无论是正面的鼓励还是建设性的批评,都能促进员工的成长和团队的进步。

总之,选择正确的沟通方式,需要管理者根据具体情况不断积累经验和深思熟虑。这不仅能提高团队管理效率,还能增强团队的凝聚力。

6 营造友好信任的团队沟通氛围

有效的沟通是确保下属愿意与管理者交流的关键,它能够让双方顺畅地表达观点和意见,有利于工作的安排和执行。因此,在团队中营造一种友好信任的沟通氛围至关重要。

华金最近加入了一家网络游戏开发公司,担任项目组组长。公司接到了新游戏的开发任务,华金将重要部分交给了与他关系较好的几位下属。其他下属认为任务分配不公,感到委屈。抱怨声逐渐传到华金耳中,但他并未重视。直到游戏开发阶段结束,开始测试时,他发现由于缺乏沟通,团队成员编写的代码无法兼容,这时他才意识到问题的严重性。

小问题若能通过沟通解决,通常不会导致严重后果。然而,一些管理者可能忽视了下属间的沟通问题,认为这是小事,不值得干预。这种忽视往往会导致团队失去友好信任的交流氛围,最终可能导致团队任务的失败。

下属不愿意沟通通常有以下原因:对管理者分配任务感到不公、同事间的误会和矛盾、缺乏团队意识等。这些问题看似不严重,但需要及时解决并得到管理者的重视。作为团队的管理者,应始终保持团队良好的沟通氛围,这样团队成员间才能互相信任和帮助。

王静是一家汽车制造厂的座椅设计主管,她平时乐于与下属交流。一次,公司需要为一款新车设计座椅,王静将任务下达给团队,让他们讨论并提出设计方案。然而,项目进展缓慢,最终几乎停滞。经了解,王静发现最有能力的两位设计师因小事产生了矛盾,互相否定对方的方案。王静邀请他们共进晚餐,开诚布公地让他们交流想法。在她的调解下,两位设计师和解了,并共同提出了一个新的设计方案。

良好的沟通环境能让团队成员发挥出真正的潜力。为了营造一种基于信任和友好的合作氛围,管理者应该做到以下几点。

1. 公平分配任务

公平是团队合作的基础。合理分配任务能够激发团队成员的潜力,提升团队的力量。管理者应努力开导团队成员,鼓励团队成员,以促进相互理解和团队和谐。

2. 妥善处理下属间的矛盾

员工因价值观、习惯等差异而产生误会或矛盾,是工作中常见的问题。管理者应及时介入,调解矛盾,促进双方交流,帮助他们互相理解,解决问题。团队成员间关系融洽,沟通氛围将更加友善,彼此也会更加信任。

3. 增强团队意识

如果团队成员缺乏团队意识,团队关系就会变得松散,缺乏凝聚力。管理者应通过组织团队活动来增强团队意识。比如,与其他团队的知识竞赛,能让团队成员紧密团结,共同应对挑战,从而形成强烈的团队意识。

通过以上措施,管理者可以有效地促进团队成员之间的沟通,提高团队的凝聚力和效率,推动团队向着共同的目标前进。

7

重要事项不要口头说，
而要书面传达

在职场中，下属常常需要代管理者口头传达任务。任务简单时，下属或许能够轻松传达。但面对复杂或繁多的任务，准确传达的难度便大大增加。此时，管理者应将重要事项书面记录下来，以文字形式传达，确保信息的准确传达。

许漕是一家平板电脑生产厂的总经理，厂内员工众多，他通常让安去信口头传达任务。一次，安去信因晚上失眠，早上提前到厂，许漕在办公室向他交代了多项任务："系统软件出现漏洞，通知软件部立即处理。销售部本月销量不佳，要求他们提升销售量。研发部需增补人手，人事部要加快招聘速度。"安去信因任务繁重，忘记了通知软件部修复漏洞，导致公司后来收到多封关于系统漏洞的投诉信。

每个人的记忆力都是有限的，即使有些信息能暂时记住，也会出于种种原因导致信息传递错误，影响任务执行的时效性和准确性。对于非紧急事项，事后发现并重新下达任务或许可以弥补。但对于紧急事项，一旦错过时机，就可能造成重大损失。

造成重要信息传递失误或未及时传达的原因主要包括：管理者交代事项过多，导致重要与不重要事项混杂，下属难以区分；管理者表达不清，未将重要事项书面记录并传递。

从实用角度出发，为避免传达失误，管理者应将重要事项书面记录后让下属传递，效果更佳。俗话说："好记性不如烂笔头。"书面记录不仅是双保险，还能提高信息传递的安全性。

靳梦娜是天飞通信有限公司的经理，公司主营路由器。一天，公司收到竞争对手的并购建议通知书，靳梦娜立即叫来下属李岩，告诉他："立即通知这些管理者到公司会议室开会，名单我已经写好了，你拿着快去。"李岩拿着名单迅速通知了所有人，任务完成得非常顺利。

书面记录对于跟踪和管理重要事项具有显著的优势，其益处不仅在于防止遗忘，而且能体现工作的方方面面。以下是详细阐述书面记录重要性的几大要点。

1. 强化记忆与防止遗漏

书面记录是一个有效的外部存储手段，它能够帮助我们记录那些容易在忙碌中被忽略或遗忘的关键信息。在快节奏的工作环境中，人们常常因为要处理大量事务而容易遗忘某些细节。有了书面记录，倘若事后回忆起来或是上司再次提醒，即使是一些次要的信息点，也可以迅速找回并处理，确保工作的连贯性和完整性。

2. 明确工作优先级

以书面形式记录下关键事项，实际上是为下属提供了一个清晰的指示，标明了哪些任务是优先需要关注和完成的。这种明确的优先级划分，有助于下属更好地安排自己的工作顺序，合理规划时间，从而在高效完成任务的同时，也能有效减少因任务冲突或时间分配不当而导致的错误。

3.增强信息的可信度

在商业交流中,信任是一个至关重要的因素。如同员工出差时需要保留发票作为报销凭证一样。书面的工作指示或记录,可以作为传达重要和紧急信息的可靠证据。口头传达可能引发误解或怀疑,而一份书面记录可以迅速消除疑虑,增强信息的可信度,避免沟通障碍和误会。

4.增强团队协作,划分责任

书面记录不仅可以帮助团队成员之间更好地协同工作,还可以在出现问题时作为责任划分的依据。明确的记录使得每个成员都能清楚自己的职责范围,减少推诿和误解,从而增强团队的整体执行力。

5.促进反思与改进

定期回顾书面记录,可以让团队或个人对工作进行反思和总结。这种反思不仅有助于发现之前工作中的不足,还能为未来的工作提供宝贵的经验和教训,推动持续改进和优化。

综上所述,书面记录在传达和管理重要事项中发挥着不可或缺的作用。它不仅能有效防止信息遗漏和误解,还能优化工作流程,提高工作效率,是现代职场中不可或缺的工具。因此,在工作中广泛使用书面记录是非常有必要的。它不仅能确保信息的准确性和高效性,还能显著提升工作的整体执行效率。